RÈGLEMENT

PROVISOIRE

SUR LE SERVICE

DES TROUPES A CHEVAL

EN CAMPAGNE.

Du 12 Août 1788.

A PARIS,

DE L'IMPRIMERIE ROYALE.

M. DCCLXXXVIII.

[illegible]

TABLE DES TITRES

Contenus dans ce Règlement.

RÈGLEMENT

RÉGLEMENT

PROVISOIRE

SUR LE SERVICE

DES TROUPES A CHEVAL

EN CAMPAGNE.

Du 12 Août 1788.

DE PAR LE ROI.

A nouvelle Conſtitution des Troupes exigeant une nouvelle Ordonnance de ſervice de campagne, SA MAJESTÉ a, de l'avis du Conſeil de la Guerre, fait rédiger proviſoirement le préſent Règlement, afin qu'étant mis à l'épreuve dans les camps qu'Elle ſe propoſe de faire aſſembler, on puiſſe profiter de toutes les obſervations de l'expérience, pour lui donner enſuite, dans la rédaction du Code militaire, toute la perfection dont cet important ouvrage eſt ſuſceptible.

En conſéquence Elle a ordonné & ordonne ce qui ſuit :

A

TITRE PREMIER.

Des préparatifs de campagne. Effets de campemens & d'équipages des Officiers supérieurs & subalternes.

ARTICLE PREMIER.

LES régimens devant être à l'avenir, suivant les dispositions de la nouvelle Constitution que Sa Majesté a donnée à ses Troupes, pourvues en tout temps des effets de campement qui leur sont nécessaires en temps de paix, Sa Majesté y fera ajouter, par supplément, ceux qui auront rapport aux augmentations & circonstances de guerre, lorsqu'elle aura lieu.

Nota. Sa Majesté se proposant de faire des améliorations dans l'espèce des effets de campement, & ayant ordonné en conséquence des essais dans les camps de la présente année, Elle déterminera, d'après ces essais, le nombre, les formes & les dimensions desdits effets de campement, & fera insérer les détails qui y seront relatifs, dans le nouveau Code ; mais les Troupes devant recevoir & consommer les effets d'ancien modèle que Sa Majesté a dans ses magasins, il sera adressé cette année une instruction particulière à chaque régiment sur les règles de campement.

Ces règles devant nécessairement varier, quand les tentes changeront de forme & de dimension, & l'Ordonnance définitive en devant faire mention, ainsi que des nouveaux modeles & des nouvelles règles qui seront adoptées en conséquence.

2.

Les tentes & manteaux d'armes seront marqués en caractères noirs, du nom du régiment, du numéro de l'escadron, & de celui de la compagnie.

3.

Il y aura un cordeau par régiment, pour marquer le front du camp de chaque escadron, & un autre pour en marquer la profondeur.

Ces cordeaux seront divisés par toise & demi-toise,

& défigneront de plus les endroits où les fourches des tentes devront être placées.

4.

Les tentes, marmites & manteaux d'armes feront portés fur des charriots, ou chevaux de compagnie à ce deftinés.

> *Nota.* Sa Majefté a ordonné des effais dans les camps de cette année, pour déterminer dans le Code lequel de ces deux moyens de tranfport fera habituellement préféré.

5.

Les marmites de cuivre étant fujettes au verd-de-gris, elles feront déformais de fer battu.

> *Nota.* La forme en fera déterminée d'après les effais.

6.

Il y aura auffi par chaque tente ou chambrée, une pelle, une pioche, une ferpe & une hache.

7.

On fera dans les premiers camps qui feront affemblés, diverfes épreuves pour conftater la manière la plus avantageufe de charger & de paqueter les chevaux ; & d'après leur réfultat, il fera dreffé une inftruction particulière, qui fera inférée dans l'Ordonnance que Sa Majefté rendra pour l'habillement & équipement des troupes à cheval, à laquelle chaque régiment fe conformera.

8.

Chaque Cavalier fera pourvu d'un piquet ferré par les deux bouts, pour attacher fon cheval.

9.

Chaque chambrée fera pourvue d'un barril, ainfi que des mâts brifés & piquets néceffaires pour tendre la tente.

4

10.

Soit que ces fournitures foient faites cette année des magafins du Roi , ou par les foins du Confeil d'Adminiftration des régimens, les Colonels veilleront avec attention à ce qu'elles foient de la meilleure qua-lité, & en rendront compte aux Officiers généraux, lors de leurs revues.

11.

Ils veilleront à ce que chaque compagnie prenne le plus grand foin defdites fournitures, Sa Majefté les en rendant refponfables, & ordonnant que celles qui fe perdront ou fe détruiront par la négligence du Cavalier, foient payées fur fa maffe.

12.

Ils tiendront la main à ce que les Cavaliers & Dragons foient diftribués par tente & chambrées, de manière que l'ordre intérieur des compagnies fubfifte dans le camp comme dans les quartiers.

13.

Ils feront des revues du linge & des effets du Cava-lier, & les réduiront exactement, non compris ce qu'ils auront fur le corps, à ce qui eft ou fera prefcrit par l'Ordonnance de l'habillement & équipement.

14.

On exercera les Cavaliers à feller, charger leurs chevaux, & monter à cheval au premier fignal, avec la plus grande promptitude, & fans avoir été prévenus auparavant de l'heure où cela leur feroit ordonné.

15.

On les fera monter fouvent à cheval avec leur équi-pement, & on leur fera faire d'abord une lieue, & enfuite plufieurs, pour accoutumer les Cavaliers aux

marches

marches d'armée, & pour mettre les chevaux en haleine. On fera quelquefois ces marches dans le milieu du jour, pour habituer les hommes & les chevaux à supporter la chaleur.

16.

On apprendra aux Cavaliers à ficeler du fourrage, en leur faisant observer de le ficeler fin & serré, de manière qu'il fasse le plus petit volume possible.

17.

Pendant que tout ce qui a été prescrit ci-dessus s'exécutera, les Officiers supérieurs & subalternes se pourvoiront des équipages nécessaires pour entrer en campagne.

18.

Ils auront attention de ne porter avec eux en campagne, que ce qui leur sera exactement nécessaire; l'intention de Sa Majesté étant, en cas que leurs équipages soient pris sans qu'ils en soient cause, de ne les dédommager que des effets qui leur étoient indispensables.

N.^a Sa Majesté déterminera dans la rédaction du code, tout ce qui a rapport aux équipages & aux chevaux des Officiers supérieurs & subalternes, ainsi qu'aux Boulangers, Bouchers, Vivandiers, &c. qui pourroient marcher à leur suite.

TITRE II.

Des Revues d'entrée en campagne.

ARTICLE PREMIER.

Avant que les régimens entrent en campagne, les Officiers généraux divisionnaires examineront avec soin s'ils sont en état de tout point.

2.

Ils feront, dans le même objet, une revision générale

& exacte de tous les effets de campement & attirails de campagne, ainsi que des fournitures.

3.

Ils marqueront les Cavaliers & chevaux trop foibles & trop jeunes pour soutenir les fatigues de la campagne.

4.

Les Cavaliers & chevaux malingres, ou trop jeunes pour soutenir les fatigues de la campagne, seront laissés aux ordres d'un Officier ou Bas-Officier, suivant leur nombre, au dépôt des recrues & remontes du régiment, pour s'y fortifier ou s'y rétablir, & rejoindre leur Corps à la fin de la campagne, ou plutôt, suivant les circonstances.

5.

Les Officiers généraux divisionnaires s'assureront aussi, que les équipages des Officiers & les voitures des vivandiers, soient conformes à ce qui sera prescrit, & ils feront rectifier ce qui n'y seroit pas conforme.

Ils continueront cette surveillance pendant toute la durée de la campagne, & ils en seront responsables au général de l'armée.

TITRE III.

De la marche des Régimens pour se rendre à l'Armée.

ARTICLE PREMIER.

LORSQU'UN régiment aura reçu les ordres de partir, pour se rendre dans des cantonnemens voisins du lieu où l'armée doit s'assembler, il sera observé ce qui suit.

2.

Si c'est pour cantonner, le logement sera composé,

ainfi qu'il fera prefcrit dans l'Ordonnance que Sa Majefté fe propofe de rendre concernant les marches dans le royaume.

Si c'eft pour fe rendre au camp, le campement fera conforme à ce qui fera réglé ci-après au Titre 6.

3.

Le régiment s'affemblera, fe formera & exécutera fa marche conformément à ce qui eft prefcrit dans l'Ordonnance des manœuvres de la cavalerie.

4.

Les équipages marcheront à la fuite du régiment, le Commandant en réglera l'efcorte fuivant leur nombre & les circonftances. Il aura été choifi d'avance, par le Colonel, un Maréchal-de-logis intelligent, pour faire les fonctions de Vaguemeftre pendant la campagne : ces fonctions feront détaillées aux Titres 21 & 25.

5.

Les éclopés feront conduits par des Officiers ou Bas-Officiers, fuivant leur nombre, & marcheront, autant qu'il fe pourra, à la fuite des campemens.

6.

Enfin on obfervera, dans cette marche, pour la police & la difcipline, toutes les précautions prefcrites pour les marches dans l'intérieur du royaume, & le Commandant pourvoira à toutes celles que le voifinage plus ou moins grand des ennemis, exigera pour la fûreté.

TITRE IV.

Des Cantonnemens d'entrée de Campagne.

ARTICLE PREMIER.

LE Commandant du régiment profitera du temps qu'il demeurera dans ce cantonnement, pour exercer à tout ce qui eft preſcrit aux Articles 15, 16, 17 & 18 du Titre Ier.

2.

Du jour que le régiment ſera arrivé dans ſon cantonnement, chaque Cavalier aura toujours, juſqu'à ce qu'il rentre en quartier d'hiver, ſon porte-manteau attaché ſur la ſelle, & la bride de ſon cheval paſſée à la fonte du piſtolet ; ſon ſabre, ſon mouſqueton & ſes bottes enſemble, afin qu'au premier ſignal, ou en cas d'alarme, il puiſſe monter à cheval le plus promptement poſſible, armé & équipé de tout point, & ſe rendre de même au lieu d'aſſemblée indiqué pour la compagnie.

3.

On fera exercer les équipages à être chargés & attelés le plus diligemment qu'il ſera poſſible, & à ſe rendre promptement au rendez-vous qui leur aura été marqué, en cas d'alarme. Pour cela, les Officiers obſerveront toujours d'avoir leurs ballots tout faits, & leurs voitures chargées, à moins qu'il n'en ſoit ordonné autrement.

4.

Les Commandans des régimens feront ſonner quelquefois à cheval, tant de jour que de nuit, ſans les en avoir prévenus, & feront punir ſévérement ceux qui ſeroient négligens à exécuter ce qui eſt preſcrit ci-deſſus.

5.

Tout régiment qui ſera cantonné dans un même quartier, devra être à cheval, prêt à partir & à combattre en huit minutes, & les équipages ſeront paquetés pour pouvoir être chargés en dix minutes.

6.

Toutes les fois qu'on ſonnera le boute-ſelle, ou dans les cas d'alarme, la garde de police ſe rendra au lieu où ſera dépoſée la caiſſe, & ne la quittera pas qu'elle ne

l'ait

l'ait remife à l'efcorte des équipages, & qu'elle ne foit
en fûreté.

TITRE V.

Des Brigades.

ARTICLE PREMIER.

LA formation des Brigades & la répartition des régimens
dans lefdites Brigades, continueront d'être à la guerre
telles qu'elles ont été fixées par l'Ordonnance de l'orga-
nifation de l'armée.

2.

Dans les Brigades, le régiment chef de Brigade occupera toujours la droite, & le fecond régiment la gauche.

Cet ordre ne fera jamais changé, foit pour camper,
marcher ou combattre.

3.

Chaque Brigade fera commandée à la guerre comme
à la paix, par un Maréchal-de-Camp.

En tems de guerre, ou dans les raffemblemens de
troupes en tems de paix, le Colonel le plus ancien de
commiffion dans ce grade, commandera la Brigade, en
l'abfence du Maréchal-de-Camp.

4.

Le Major le plus ancien, fera Major de Brigade, &
en fon abfence le Major de l'autre régiment de la Brigade en fera les fonctions.

Ces fonctions de Major de Brigade ne difpenferont
point le Major qui les remplira, de celles de fon emploi
dans le régiment.

5.

S'il n'y a point de Major dans la Brigade, il fera
fuppléé par le plus ancien Major en fecond.

Cavalerie.   C

TITRE VI.

Du Campement.

ARTICLE PREMIER.

LORSQUE la Brigade arrivera dans le lieu le plus à portée de celui où elle devra camper, le Commandant de ladite Brigade donnera avis de son arrivée au Général de l'armée, & le Major en informera le Maréchal-général-des-logis de la Cavalerie.

2.

Lorsque le Commandant de la Brigade aura reçu l'ordre de se rendre au camp, il fera partir à l'avance pour aller au campement, un Adjudant par régiment, un Maréchal-des-logis, deux Brigadiers, & un Cavalier par compagnie.

Les Cavaliers porteront les cordeaux, & les Brigadiers se pourvoiront de fiches.

3.

Ces campemens seront munis en outre d'un fanion par escadron, pour marquer & aligner le camp ; sur ces fanions seront écrits le nom du régiment, le numéro de l'escadron ; ces fanions seront haut de six pieds, & ferrés par le bas.

4.

Il sera commandé, pour marcher avec ces campemens, un Capitaine par Brigade, & un Lieutenant ou Sous-lieutenant par régiment.

5.

Les nouvelles gardes marcheront toujours à la suite des campemens.

6

Un des Majors en second, commandé à cet effet alternativement, conduira & commandera le campement, & à son défaut, le Capitaine de campement remplira ses fonctions.

7.

Dans la saison où la terre sera couverte, il sera commandé quatre Cavaliers de plus par escadron, avec des faulx, pour marcher à la suite des campemens, afin de faucher le terrein du camp aussi-tôt qu'il sera marqué.

8.

Si les Quartiers-Maîtres des régimens ne sont pas plus utilement employés ailleurs par les Commandans des régimens, ils marcheront avec les campemens, pour s'y rendre aux ordres des Commandans desdits campemens.

Aucun autre que les Officiers, Maréchaux-de-logis, Brigadiers & Cavaliers désignés ci-dessus, n'iront au campement.

9.

Il marchera toujours avec les campemens de l'armée un détachement de la Prévôté.

10.

S'il se trouve des convalescens & chevaux éclopés dans les régimens, ils marcheront à la queue des campemens, à moins d'un ordre contraire, & seront conduits par des Officiers & Bas-Officiers proportionnés à leur nombre, qui seront responsables de ceux qui pourroient s'écarter dans la marche.

11.

Aucune voiture, ni chevaux de bâts, ni valets, excepté un seul par Officier de campement, ne pourront marcher avec les campemens.

12.

Si un des régimens de la Brigade arrive seul au camp, il se conformera à ce qui est prescrit ci-dessus.

TITRE VII.

De la forme du Camp.

ARTICLE PREMIER.

On ne s'affujettira point à camper fur des lignes droites, lorfqu'un léger changement dans les points de direction pourra faire gagner quelques commodités aux troupes, & les mettre à portée de leur champ de bataille, ou des débouchés de marche.

2.

Lorfqu'il y aura quelques terreins bas ou marécageux, on les laiffera en intervalle , étant effentiel de camper les troupes dans des terreins fecs ; on évitera de même, autant qu'il fe pourra, de camper dans les prairies , l'humidité étant très-malfaine pour les hommes & les chevaux.

3.

On marquera toujours, pour plus d'exactitude, le camp des régimens avec le cordeau; un Maréchal-des-logis en tiendra un bout, & demeurera fixe à la première fiche de fon régiment , jufqu'à ce qu'un autre Maréchal-des-logis qui portera l'autre bout du cordeau, fe trouve l'avoir tendu: on y placera une feconde fiche, & on répétera fucceffivement cette opération pour marquer le camp de tous les efcadrons.

4.

On laiffera toujours entre le camp de l'Infanterie & celui de la Cavalerie vingt-cinq toifes d'intervalle.

5.

Lorfque le Commandant de campement de la brigade aura reçu du Maréchal-général ou Aide-Maréchal-général des logis de la cavalerie , le terrein qui
lui

lui eſt deſtiné, il le partagera entre les eſcadrons de
ſa brigade.

6.

Les Officiers de campement environneront enſuite
le terrein de leur brigade de ſentinelles tirées des Cavaliers qui auront marché au campement pour ſervir à
cet uſage, afin qu'aucun Maréchal-de-logis, Brigadier ni Cavalier ne puiſſe s'écarter. S'il ſe trouvoit des
puits, des fontaines, des magaſins ou des abreuvoirs,
dans le terrein du camp ou à portée, ils y feront auſſi
placer des ſentinelles ; ces ſentinelles feront relevées à
l'arrivée des troupes, par des Cavaliers de la garde de
police.

7.

Si le terrein obligeoit de faire quelques changemens
dans les points de direction, lorſqu'on ſera parvenu à
l'angle ou coude du front de bandière, ſi cet angle eſt
ſaillant, on laiſſera l'intervalle néceſſaire entre les camps
des deux eſcadrons qui en feront les plus proches, de
manière que la queue de chacun de ces camps n'anti-
cipe pas ſur celle de l'autre.

8.

Les camps des eſcadrons d'un même régiment &
d'une même brigade, feront marqués dans le même
ordre qui a été réglé Titre 5, Article 2.

9.

L'intervalle d'une ligne à l'autre ſera de 150 toiſes
ou environ.

10.

Les eſcadrons camperont communément par demi-
compagnie ou quart d'eſcadron, & il leur ſera donné
pour lors 30 toiſes pour le front de chaque eſcadron.

11.

Les eſcadrons pourront auſſi camper, quand le

Général jugera à propos de diminuer le front de fon camp par compagnie, & pour lors il ne leur fera donné que 15 toifes par efcadron.

12.

On ne laiffera aucun intervalle entre les efcadrons d'un même régiment.

> *Nota.* Les proportions du camp par quart de compagnie ou par feftion, ainfi que l'objet de cette forme de camp feront déterminés dans le Code.
>
> Les dimenfions de campement intérieur des efcadrons devant être calculées fur la force & la mefure des tentes, elles ne feront auffi traitées que dans la rédaction du Code, & il fera adreffé aux troupes qui devront camper cette année, une inftruction momentanée qu'elles doivent recevoir, relative aux dimenfions aftuelles des tentes.

13.

Pour éviter toute difficulté fur la fixation du terrein de chaque brigade, fa largeur fera comptée à l'égard de celles qui feront campées en première ligne, depuis l'alignement de l'encoignure de la première tente de la droite, jufqu'à celui de la première tente de la brigade fuivante ; & fa profondeur, jufqu'à 80 toifes en arrière.

14.

Le camp étant marqué, les bas-Officiers, les brigadiers de campement & les fentinelles empêcheront que les troupes ne paffent ailleurs que par les grands intervalles.

15.

Aucun Officier fupérieur, ou autre, ne pourront fe loger, eux, leurs chevaux, domeftiques ou équipages, quand même il y auroit des maifons de vuides dans le terrein de leurs brigades, à moins qu'ils n'en aient obtenu la permiffion par écrit du Maréchal-général des logis de la Cavalerie, qui prendra à cet effet l'ordre du général, & en enverra enfuite une note au Maréchal-Général des logis de l'armée, pour qu'il leur foit marqué un logement.

Ces permiffions ne feront accordées que pour caufe

de maladie bien conſtatée, & ſeront demandées dans
la forme & ſuivant les gradations preſcrites.

16.

Lorſqu'on verra arriver la tête des Troupes qui devront camper, le Commandant du campement fera
partir les Officiers de campement ; ſavoir, le Capitaine, pour aller au - devant de la brigade, le Lieutenant au - devant des menus équipages, & le Sous-Lieutenant au - devant des gros.

17.

Ces Officiers reconnoîtront avant de partir les chemins par leſquels les Troupes & les équipages pourront
entrer dans le camp, ſans embarras.

TITRE VIII.

Des Etabliſſemens dans les Camps.

ARTICLE PREMIER.

AUSSI - TÔT que le camp ſera marqué, ſi l'on eſt
dans la ſaiſon où la terre eſt couverte, les faucheurs
travailleront à faucher le camp ; ils commenceront à
faucher le front de bandière ſur dix toiſes de hauteur
depuis les fiches d'alignemens. On leur fera obſerver
de faucher également le terrein, de manière que le
grain qui reſtera ſur pied en avant ſoit aligné pareillement au front de bandière

2.

Les Officiers de campemens auront ſoin d'empêcher
de gâter les grains & fourrages en marquant le camp;
& lorſque les Troupes y entreront, ils conſigneront
aux ſentinelles d'y avoir attention.

3.

Lorſque le terrein du front de bandière ſera fauché,

les faucheurs couperont le terrein du camp des Cavaliers, y compris les rues, intervalles & cuisines.

4.

Le fourrage qui se trouvera dans le front de bandière & dans le terrein du camp des Cavaliers, sera pour les compagnies ; celui qui se trouvera dans le terrein des tentes des Officiers, sera pour les Officiers ; & celui dans l'intervalle des cuisines aux tentes des Officiers, pour les Vivandiers.

5.

Les valets des Officiers & les Vivandiers faucheront diligemment, dès qu'ils seront arrivés, les terreins qui leur seront destinés.

6.

Les Officiers supérieurs des régimens tiendront la main à ce que tout le fourrage fauché soit ramassé & conservé avec le plus grand soin, & qu'il n'en soit fait que la consommation nécessaire.

7.

Lorsque la Cavalerie approchera du terrein de son camp, les trompettes sonneront & les Cavaliers s'aligneront plus exactement.

8.

Les régimens continueront de marcher sur le même front qu'ils auront fait pendant la marche, & chaque division se mettra successivement en bataille.

9.

Les piquets se porteront en avant du centre de leurs régimens, & s'y placeront, comme il sera dit ci-après au Titre 9, du piquet.

10.

Les bas-Officiers, Cavaliers de garde iront tout de
suite

fuite mettre leurs chevaux au piquet, & exécuteront enfuite ce qui eft prefcrit au Titre 9.

11.

Le Commandant du régiment fera partir les Cavaliers commandés pour être d'ordonnance.

12.

Il enverra pareillement le Vaguemeftre du régiment, au Vaguemeftre-général de l'armée, pour fe faire infcrire par lui fur l'état qu'il doit en tenir, ainfi qu'il fera dit ci-après au Titre 2 des équipages.

13.

Pendant que tout cela s'exécutera, il ne fera permis à perfonne de quitter fon rang.

14.

Lorfque le Commandant de la brigade ou du régiment aura reçu l'ordre pour faire entrer la brigade ou le régiment dans fon camp, il fera exécuter ce mouvement, ainfi qu'il eft prefcrit dans l'Ordonnance des manœuvres.

On obfervera de faire entrer les Troupes dans le camp le plutôt qu'il fera poffible.

15.

Dès que les Cavaliers auront mis pied à terre, les Commandans des compagnies feront planter diligemment les piquets des chevaux ; le chef des chambrées placera les cordes, & les chevaux y feront attachés tout de fuite, fans être débridés.

16.

Dès que les charriots ou chevaux des tentes feront arrivés, & que chaque chambrée aura pris celle qui lui appartient, les Cavaliers la déplieront, y placeront les mâts, & se tiendront prêts à les élever à la fois au signal que le Commandant du régiment fera donner par un Trompette.

17.

Les Officiers des compagnies auront attention que les mâts soient mis exactement à la place des fiches, & que les tentes soient toutes bien alignées, tant sur le front, que sur la profondeur du camp.

18.

Les tentes étant tendues, les Cavaliers se mettront en veste & en bonnet, se débotteront, desselleront leurs chevaux, & arrangeront leurs harnois & leurs armes dans les tentes.

19.

Aucun Officier ne pourra mettre pied à terre, ni quitter le terrein du camp de sa troupe, pour aller au sien, que tout ce qui est marqué ci-dessus n'ait été exécuté; les Officiers des compagnies tiendront la main à ce que l'on ait soin des chevaux qui n'ont point de maître, ainsi que de leurs harnois & des armes.

20.

On assemblera ensuite les Cavaliers par Compagnie, en nombre suffisant pour aller à l'eau, au bois & aux autres distributions, lesquels seront conduits en bon ordre, suivant leur nombre, par des Officiers, bas-Officiers & Cavaliers armés; cette escorte sera chargée de les contenir, & les ramenera en faisant leur arrière-garde.

21.

Les Officiers & bas-Officiers feront ensuite balayer & applanir les rues & la tête du camp.

22.

Ils empêcheront de faire du feu ailleurs qu'aux places marquées pour les cuisines & pour les forges.

23.

Les Commandans des Brigades & Officiers supérieurs des régimens resteront à cheval, jusqu'à ce que le camp soit tendu, les sentinelles placées & les Cavaliers partis pour les distributions.

24.

Les Colonels & les Officiers supérieurs de jour de chaque brigade, iront ensuite reconnoître les communications nécessaires à la droite & à la gauche du front du camp, ainsi que celle pour communiquer avec la deuxième ligne, s'ils sont placés en première, & avec la première, s'ils sont campés en seconde ligne.

25.

Les Officiers supérieurs de jour, feront commander sur le champ des hommes de corvée pour travailler aux communications, & y feront travailler aussi-tôt, sans pouvoir retarder ce travail, sous aucun prêtexte. Ces communications seront faites le premier jour, larges de cinq toises, & seront portées à trente dans les camps où on séjournera.

26.

Ce travail des communications à faire entre les deux lignes & des terreins à applanir, sera réparti également aux régimens des deux lignes. La distance d'une ligne à l'autre sera mesurée depuis les quinze toises en avant du front de bandière de la seconde ligne, jusqu'aux tentes des Officiers supérieurs de la première, & cet espace sera divisé également entr'elles.

Lorsque le travail des communications sera trop difficile pour être fait avec les outils des régimens, le Major enverra un Officier au Parc d'artillerie le plus prochain, pour en demander de plus forts, & il en sera donné sur le reçu de l'Officier qui ira les prendre, en retirera son reçu en les rapportant, sans quoi ils seront payés par le régiment.

Quand l'ouverture des communications exigera des ponts confidérables à faire, ou d'autres travaux de nature à ne pouvoir être exécutés que par des Compagnies d'Ouvriers, le Major en rendra compte au Maréchal-Général-des-Logis de la Cavalerie, qui en avertira l'Etat-Major-Général de l'Armée, afin qu'il donne les ordres néceffaires à l'Artillerie pour la conftruction de ces ouvrages.

27.

A l'égard des communications à faire fur les flancs & le long du front du camp, le terrein dont chaque régiment fera chargé, contiendra depuis la première tente de la Compagnie de droite, jufqu'à la première du Régiment qui fera campé à fa gauche, l'intervalle de l'un à l'autre étant cenfé faire partie du terrein qui aura été diftribué au premier, pour camper.

28.

Les Capitaines de police de chaque régiment, iront reconnoître les abreuvoirs, pour faire mettre en état ceux qui feroient pratiquables, & défigner ceux qui pourroient être dangereux.

29.

Pendant que les Colonels & Officiers fupérieurs de jour donneront les ordres pour les communications, les Maréchaux-de-camp commandans les brigades, vifiteront le pays cinq ou fix cens pas en avant du camp, s'ils font campés en première ligne, ou en arrière, s'ils font en feconde ligne, pour reconnoître les gardes qui ont dû être placés par les Officiers Généraux de jour, ainfi que les environs du camp, & prendre les précautions convenables pour la fûreté du camp, après quoi ils feront rentrer le piquet.

Ces Officiers fupérieurs ne pourront jamais mettre pied à terre, ni quitter le camp qu'après avoir exécuté ce qui eft prefcrit ci-deffus chacun pour ce qui les concerne.

Les

30.

Les Chapelles feront conftruites à la droite du premier efcadron , dans l'intervalle d'un régiment à l'autre, derrière la tente de la garde de police.

31.

On fera creufer deux latrines par régiment, pour les Cavaliers , à cinquante toifes en avant du front de bandière ; il en fera creufé deux autres à vingt toifes en arrière des tentes des Officiers, pour leur ufage ; il fera configné aux fentinelles du camp d'empêcher que perfonne n'aille pour fes befoins ailleurs qu'aux latrines.

32.

On mettra des appuis à la place où ces latrines auront été ouvertes, & on les entourera d'une feuillée ; tous les huit jours on en fera de nouvelles, & on comblera les anciennes, qu'on marquera avec un jalon très-marquant.

33.

Dans les régimens où il y aura des Bouchers, les Quartiers-maîtres leur indiqueront les terreins où ils devront fe placer , pour qu'ils ne caufent point d'infection dans le camp , & les obligeront d'enterrer les entrailles des beftiaux qu'ils tueront.

34.

On commandera pour toutes les corvées ordonnées ci-deffus, le nombre de Cavaliers néceffaires, & lorfqu'il y en aura à punir pour des fautes ordinaires , on les employera à ces travaux.

35.

Il fera commandé des bas-Officiers avec les travailleurs pour les conduire & leur faire exécuter ce qui leur aura été prefcrit, & lorfque le nombre en fera confidérable, on y commandera des Officiers; ceux de police feront particulièrement chargés de veiller au travail des communications & à la propreté du camp.

36.

Les Majors des régimens, le premier jour qu'ils arriveront au camp, & enfuite le premier jour de chaque mois, enverront au Maréchal-général-des-logis de la Cavalerie, un état de fituation conforme aux modèles établis.

37.

Les Majors enverront en même-temps au Maréchal-général-des-logis de la Cavalerie, un état de ce qu'il y aura de poudre, balles & pierres à fufil, dans leur régiment, pour qu'il faffe completter les approvifionnemens de ce genre, dont le Général aura ordonné que ces régimens foient pourvus.

TITRE IX.

Des piquets & du fervice intérieur de garde & de partie du camp.

ARTICLE PREMIER.

IL y aura journellement dans chaque compagnie & troupes à cheval, deux efcouades de fervice, lefquelles feront, pendant les vingt-quatre heures, armées & équipées de tout point, & deftinées à la fois à garder tant le front que l'intérieur & l'enceinte du camp, & à fournir les gardes extérieures aux détachemens qui pourroient être commandés.

2.

Les efcouades compofées chacune de fix hommes, dont un Brigadier ou un Appointé formant, en totalité dans un régiment de trois efcadrons, 72 hommes, dont fix Brigadiers & fix Appointés, indépendamment de deux Maréchaux-des-logis & de deux Trompettes.

3.

Ces Cavaliers feront répartis ainfi qu'il fuit :

1°. A une garde d'étendarts par régiment, qui fervira en même temps à la police du camp.

Cette garde fera compofée d'un Maréchal-des-logis, de quatre efcouades & un Trompette.

L'objet & le fervice de cette garde, feront fixés ci-après :

2°. En un piquet premier à marcher, lequel reftera compofé de huit efcouades, un Maréchal-des-logis & un Trompette, formation correfpondante à celle du demi-détachement, qui fera commandé par un Capitaine, & à la proportion d'une compagnie qui eft fon commandement conftitutionel; tandis que le détachement entier, commandé par le Chef-d'efcadron, fera du double & répondra au pied de l'efcadron, qui eft auffi le commandement qui lui eft attribué par la conftitution.

4.

Il fera commandé pour la police du camp, un Capitaine de police par régiment. La garde de police fera à fes ordres; & pendant la durée des vingt-quatre heures, il fera chargé de tout ce qui a rapport à la fûreté, à la police & à la difcipline du camp.

Il aura fous lui un Lieutenant ou Sous-lieutenant par régiment, & ils fe partageront les vingt-quatre heures entr'eux, de manière qu'il y en ait toujours un que la furveillance, la plus active & la plus affidue, mette dans le cas de répondre de tout ce qui pourra fe paffer dans l'enceinte du camp.

5.

Les Officiers, bas-Officiers, & Cavaliers de piquet, feront relevés tous les jours à l'heure de la garde.

6,

Les piquets étant fpécialement deftinés à fournir tous les détachemens, ainfi que les gardes ordinaires, qui pourroient être commandées dans les vingt-quatre heures, ils feront toujours tenus complets dans la proportion indiquée ci-deffus; & à cet effet, chaque efcouade du piquet qui viendra à marcher, fera remplacée fur le champ. Le fervice étant égalifé de façon qu'il n'en marche jamais deux d'une même compagnie, que toutes celles du régiment n'aient fourni la leur.

7.

Pour que les efcouades de piquets qui viendroient à marcher, puiffent être remplacées avec promptitude, il y aura, dans chaque compagnie, une efcouade de même compofition, défignée fous le nom d'efcouade de remplacement au piquet; les hommes qui feront de cette efcouade, ne feront point tenus à être habillés & équipés, ni d'avoir leurs chevaux fellés; mais ils ne pourront être commandés pour aucun fervice, & feront affujettis à ne pas fortir du camp, jufqu'à ce qu'ils foient de fervice effectif.

8.

Les efcouades premières à marcher releveront les piquets tous les jours à l'heure de la garde, & feront remplacées le lendemain, foit qu'elles aient été employées ou non pendant les vingt-quatre heures.

Quatre efcouades de ce piquet releveront, une heure après la garde, la garde de police & d'étendarts.

9.

Les efcouades qui feront tirées des piquets, après la retraite battue, pour quelque détachement, ne feront, à moins d'ordre contraire, remplacées que le lendemain, une heure avant l'affemblée des gardes.

10.

Les Officiers defcendant le piquet, foit qu'ils en foient depuis vingt-quatre heures, foit qu'ils y aient été remplacés dans les vingt-quatres heures, feront de police

pendant

pendant les vingt-quatre heures fuivantes, après lefquelles leur tour de fervice fera fini.

11.

Indépendamment du Capitaine & du Lieutenant ou
Sous-lieutenant de piquet par régiment, il fera commandé un Chef d'efcadron par brigade qui, lorfque
les piquets des deux régimens feront réunis, en prendra
le commandement.

Le Chef d'efcadron n'étant jamais de police, fon tour
fera paffé au bout des vingt-quatre heures, foit que
les piquets aient marché ou non.

12.

Lorfqu'un régiment de la brigade fera détaché, le
piquet ne fera commandé que par un Capitaine & un
Lieutenant ou Sous-lieutenant. Les Chefs d'efcadron ne
devant prendre part à ce fervice, que quand la brigade
eft réunie.

13.

Pour que les Officiers de piquets puiffent être remplacés avec la même promptitude que les Cavaliers,
indépendamment des Officiers de piquets, les Officiers
premiers à marcher ne quitteront jamais le camp de leur
régiment, afin de pouvoir être avertis & prêts à remplacer le piquet, auffi-tôt qu'ils feront commandés.

14.

Les Officiers & Cavaliers de piquet coucheront habillés, & auront leurs chevaux fellés & prêts à brider.

15.

A l'arrivée au camp, les piquets feront à cheval
au centre du camp de la brigade, à dix toifes en avant
du front de bandière; ils y demeureront moitié à cheval
& l'autre à pied alternativement, jufqu'à ce que les
Cavaliers qui ont été envoyés à l'eau, au bois & au
fourrage, foient revenus.

16.

Tous les jours, à l'heure des gardes, l'ancien & le nouveau piquet monteront à cheval au centre de la brigade, pour être infpectés par l'Officier fupérieur de jour.

Les nouveaux piquets prendront la droite des anciens.

17.

L'infpection faite, les anciens & nouveaux piquets rentreront dans le camp, & une heure après les Officiers defcendant le piquet & entrant de police, raffembleront les quatre efcouades qui doivent monter la garde des étendarts, & la feront relever.

18.

Une heure avant la retraite, les piquets monteront à cheval, ils feront infpectés de nouveau & rentreront enfuite au camp.

S'il y avoit quelqu'alarme pendant la nuit, les piquets monteroient à cheval promptement & fe porteroient à la tête du camp de la brigade, où ils attendroient les ordres des Officiers fupérieurs de jour de la brigade, ou du Maréchal-de-camp de jour de la divifion.

19.

Lorfque les piquets iront à l'abreuvoir, ils y feront conduits par moitié, par des Officiers & bas-Officiers.

20.

Les jours de fourrages, les nouveaux piquets monteront à cheval, & placeront des vedettes à la tête & à la queue du camp pour empêcher les Cavaliers & Valets de fortir, avant que les Fourrageurs aient reçu ordre de partir.

Ces mêmes jours, ils refteront à la tête du camp, partie à cheval, partie à pied, jufqu'à ce que les Fourrageurs foient revenus.

Les jours de marche, les piquets monteront à cheval, au boute-selle & entoureront le camp de vedettes, pour empêcher qu'aucun Cavalier ou équipages ne sortent avant l'heure marquée.

21.

Lorsque les régimens se mettront en bataille pour des revues, manœuvres ou actions de guerre, les piquets rentreront dans les compagnies.

22.

Lorsque quelque circonstance aura fait juger nécessaire de faire coucher les piquets au bivouac, le service des Officiers, bas-Officiers & Cavaliers qui les composent, sera censé fait, comme s'ils avoient marché.

Lorsque les piquets bivouacqueront, ils se rassembleront au centre de la brigade; & le Chef d'escadron de piquet, d'un des deux régimens, en prendra le commandement.

23.

Les piquets ne monteront jamais à cheval, sans un ordre du Général, des Officiers-généraux ou Supérieurs de jour, du Commandant de la division ou de la Brigade, du Maréchal-général-des-logis de la Cavalerie, ou en cas d'alarme.

24.

Ils ne rendront jamais d'honneur à personne; mais lorsqu'ils auront à paroître, pour faire voir qu'ils sont en état, les Cavaliers sortiront bottés, avec leur bandoulière & leur sabre, mais sans mousqueton; & se mettront en haie dans les rues de leur compagnie. Les Officiers & bas-Officiers placés en avant de leur compagnie.

25.

Ils se présenteront en cet état au Commandant de l'armée, aux Princes du Sang & Légitimés de France, aux Maréchaux de France, au Commandant de la Cavalerie, aux Officiers · généraux de jour & au Maréchal-général-des-logis de la Cavalerie, lorſqu'ils le demanderont.

26.

La garde de police & d'étendarts , commandée par un Maréchal-des-logis , ſous les ordres des Officiers de police, fera le ſervice à pied ; les Cavaliers & les Brigadiers feront en bottes , armés de leur mouſqueton & de leur ſabre.

27.

Il ſera affecté aux quatre eſcouades qui compoſent la garde de police & d'étendarts, les tentes néceſſaires pour les recevoir , déduction faite des ſentinelles qu'elles doivent fournir.

Ces tentes feront placées à la droite du premier eſcadron, dans l'intervalle ; l'ouverture des tentes du côté du front de bandière.

Il ſera de même affecté un manteau d'armes & chevalet, qui ſera placé en avant de ces tentes, les étendarts feront · plantés à côté du chevalet.

28.

La garde d'étendarts prendra les armes pour le Général , les Officiers généraux & ſupérieurs de jour, Commandant de la Cavalerie, Commandans de la diviſion & de la Brigade , & le Maréchal général-des-logis de la cavalerie , ainſi que lorſqu'une troupe quelconque paſſera le long du front du camp.

29.

Elle ſe mettra ſur deux rangs, le Maréchal-des-logis le ſabre à la main, les Brigadiers & Cavaliers portant leur mouſqueton.

30.

Le Maréchal-des-logis de la garde de police enverra ſucceſſivement quatre Cavaliers manger la ſoupe & panſer leurs chevaux.

31.

31.

Cette garde fournira pendant le jour trois sentinelles; savoir,

Une aux étendarts, qui seront réunis à côté du chevalet de la garde.

La seconde, vers la gauche du régiment sur le front de bandière.

Et une troisième, à la tente du Commandant du régiment.

Après la retraite elle en placera une quatrième de plus, au centre du front de bandière, & trois autres à la droite, à la gauche & au centre des dernières tentes de la queue des compagnies.

Ces sentinelles se promeneront chacune dans leur partie, pour voir s'il ne se détache pas de chevaux, & veiller aux accidens qui pourroient arriver.

32.

Elle recevra les visites des postes, ainsi qu'il sera dit au Titre du service des gardes dans leur poste.

33.

S'il se présentoit une troupe pour entrer au camp pendant la nuit, ou qui passât à portée de son poste, elle suivroit ce qui est prescrit dans le même titre.

34.

Les jours de marche, lorsqu'on sonnera le boute-selle, le Maréchal-des-Logis commandant la garde de police, enverra successivement la moitié des Cavaliers pour aller seller, charger & arranger leurs chevaux; & lorsqu'on sonnera à cheval, & que les porte-étendarts auront pris leurs étendarts, la garde du camp ira diligemment monter à cheval, & chaque Cavalier rentrera dans sa compagnie.

35.

A l'arrivée au nouveau camp, les Cavaliers de garde

d'étendarts iront tout de suite mettre leurs chevaux au piquet de leur compagnie, & se rendront promptement à pied, en bottes & avec leurs armes, quatre pas en avant de la droite du régiment.

36.

Lorsqu'on fera rentrer le régiment, les Porte-étendarts se placeront en avant de la garde de police où les étendarts seront plantés, & quand le Brigadier de la garde y aura posé une sentinelle, ils rentreront au camp.

37.

S'il y avoit des prisonniers à la garde des étendarts, le Maréchal-des-logis enverroit d'avance le Brigadier, avec la moitié de la garde, monter à cheval, & lorsqu'il seroit revenu au poste de la garde de police, le Maréchal-des-logis iroit lui-même monter à cheval avec l'autre moitié, & rejoindroit promptement sa garde pour se porter ensuite où le Capitaine de police lui indiqueroit.

TITRE X.

De la composition des gardes & détachemens, & de l'ordre à observer dans les régimens pour commander le service.

ARTICLE PREMIER.

LES Majors des brigades tiendront un contrôle des régimens de leur brigade, où ils marqueront les Officiers & Cavaliers qui seront commandés par proportion du nombre de leurs escadrons, & par rang de régiment, en commençant par le régiment chef de brigade.

2.

Chaque Major de régiment tiendra un contrôle des escadrons dudit régiment, compagnie par compagnie, fur lequel il marquera les Officiers ; Maréchaux-des-logis, Brigadiers & Cavaliers qui feront commandés.

3.

Ces contrôles commenceront du jour de l'arrivée des régimens au lieu de l'affemblée de l'armée, & feront continués jufqu'à la fin de la guerre ; de manière qu'ils foient fuivis fans interruption, foit dans les camps, cantonnemens ou quartiers d'hiver.

4.

Le fervice de la cavalerie fera divifé en fervice à cheval & fervice à pied.

5.

Il y aura deux tours pour le fervice à cheval.

Le premier fera pour toutes les gardes, détachemens & piquets.

Le deuxieme pour les gardes d'honneur.

6.

Le fervice à pied fera partagé en deux tours.

Le premier pour les gardes à pied.

Le deuxième pour les corvées. Les petites efcortes pour les fourrages, quoiqu'armées & à cheval, feront comprifes dans le tour des corvées. Il en fera de même des détachemens commandés pour affifter aux exécutions.

7.

Tout fervice à cheval fera commandé par la tête ; tout fervice à pied par la queue, en fuivant exactement le rang d'ancienneté des chefs d'efcadron, & faifant marcher les Capitaines & les Officiers fubalternes, fuivant celui des compagnies auxquelles ils feront attachés, ce qui n'empêchera pas, que ceux du même régiment ne commandent entr'eux, fuivant leur rang d'ancienneté. On obfervera cependant de ne jamais commander, pour le même détachement, des Officiers de la même compagnie ; pour cela, au commencement de la campagne, on commandera, pour le premier détachement, le premier Capitaine & le Lieutenant de la deuxième compagnie de l'efcadron ; & le Lieutenant de la première compagnie ne marchera qu'avec le fecond détachement. Le tableau fera fait ainfi ; & fi dans le courant de la campagne il fe rencontroit que les Capitaines & les Lieutenans ou Sous-Lieutenans d'une même compagnie, fe trouvaffent les premiers à marcher pour le même détachement, le tour du grade inférieur fera paffé pour être repris au détachement fuivant. Il en fera ufé de même pour les différentes efpèces de tour de fervice.

8.

Lorfque le Général, le Commandant de camp, celui d'une réferve ou d'une aîle demandera des Officiers d'ordonnance, ils feront tirés d'entre les Officiers fubalternes, au choix du Commandant du régiment, pourvu qu'ils ne fe trouvent pas les premiers à marcher, l'intention du Roi étant, que le fervice d'ordonnance ne prive jamais un Officier de remplir fon premier tour de fervice, mais il ne reprendra pas le fecond tour de fervice qui pourroit lui être échu pendant qu'il feroit employé d'ordonnance.

9.

Le Commandant du régiment choifira de même les Bas-Officiers d'ordonnance quand l'Officier général commandant une réferve ou une divifion défirera en avoir auprès de lui.

10.

Les Bas-Officiers feront pareillement commandés par rang de compagnie : il n'y aura pour eux que deux fortes de fervice ; l'un à cheval & l'autre à pied. La garde de police ne fera pas regardée comme un tour, puifqu'elle n'eft que la continuation du piquet.

11.

Le fecond tour de fervice fera toujours, autant qu'il
fe

se pourra, subordonné au premier. Ainsi toutes les fois qu'un Officier employé à un des genres de service du second tour se trouvera commandé pour marcher à un service du premier, & qu'il pourra être rendu avant le départ du détachement ou de la garde, sans qu'il en résulte aucun retard à l'heure ordonnée, il quittera le service auquel il étoit employé, bien entendu que le régiment l'y fera remplacer par un Officier de même grade.

1 2.

Tout Officier qui étant à marcher pour un détachement ou garde à cheval, ne se trouvera pas au camp quand on le commandera, ou ne pourra faire ce service pour quelque cause que ce soit, sera remplacé par celui qui le suivra, & son tour sera passé.

Il ne pourra même venir prendre le commandement du détachement ni de la garde, aussi-tôt qu'elle aura passé les gardes ordinaires de l'armée.

1 3.

Le service du premier tour ne sera censé fait pour les Officiers, bas-Officiers & Cavaliers, que lorsqu'ils auront marché à un détachement qui aura passé la garde du camp, qu'ils auront été postés avec leurs gardes, ou couchés au bivouac avec le piquet, ou été de garde de Police.

1 4.

Le second tour de service ne sera de même censé fait que quand on aura été employé, qu'on aura passé les gardes du camp, ou qu'on sera sorti de l'enceinte de la Brigade.

1 5.

L'Officier qui commandera le régiment, par accident, sera exempt de tout autre service pendant le tems qu'il commandera, & il n'en reprendra aucun.

1 6.

Il sera commandé un Lieutenant d'ordonnance premier

à marcher au tour & à titre de détachement, pour accompagner le Colonel lorfque celui-ci fera détaché.

Les Lieutenans-Colonels, Majors en premier & Majors en fecond, allant en détachement fans le commander, ne feront point accompagnés d'un Officier d'ordonnance ; mais lorfqu'ils commanderont le détachement, ou qu'ils feront de jour pour la Brigade, il leur fera donné un Lieutenant d'ordonnance, pris de même au tour des premiers à marcher par détachement.

17.

Tous les détachemens & gardes quelconques feront formés, felon leur force, d'efcouades tirées de piquet.

18.

Toutes les gardes & détachemens feront d'un nombre d'efcouades proportionnées à leur objet.

19.

Le détachement du Chef d'efcadron fera de feize efcouades formant :

 80 Cavaliers.
  8 Brigadiers.
  8 Appointés.
  2 Maréchaux-de-logis.
  2 Trompettes.

Total 100 hommes.

Non compris un Capitaine ou deux, & 2 Lieutenans ou Sous-lieutenans, c'eft-à-dire que fi les 100 chevaux font tirés du même régiment, il fera compofé :

 D'un Chef d'efcadron.
 D'un Capitaine.
 2 Lieutenans ou Sous-lieutenans.
 100 Bas-Officiers ou Cavaliers.

Mais s'il étoit compofé des deux piquets de la Brigade, il fera commandé par

 Un Chef d'Efcadron, & compofé de 2 Capitaines.
 1 Lieutenant.
 1 Sous-lieutenant.
 100 Bas-Officiers ou Cavaliers.

20.

Les détachemens de Capitaine feront de huit efcouades;
ils auront à leurs ordres un Lieutenant ou Sous-lieutenant,
lefquels rouleront à cet effet enfemble.

1 Maréchal-des-Logis.
1 Trompette.
48 tant Brigadiers, Appointés que Cavaliers.

21.

Les détachemens de Lieutenant en premier & en
fecond, qui rouleront à cet effet enfemble, feront de
quatre à fix efcouades, avec un Maréchal-des-logis.

22.

Ceux de Sous-lieutenant feront de trois à quatre efcouades, avec un Maréchal-des-logis.

23.

Ceux de Maréchaux-des-logis feront de deux à trois, à
l'exception de la garde de police, qui, quoique commandée
par un Maréchal-des-logis, fera de quatre efcouades.

24.

Ceux de Brigadiers, feront d'une efcouade, ou de
4 Cavaliers.

25.

Les 6 hommes d'une même efcouade ne feront féparés
que le moins poffible.

26.

Lorfqu'une compagnie aura fourni une efcouade à un
détachement de plufieurs jours, ou un pofte fixe, elle ne
fournira qu'aux grands-gardes & détachemens de vingt-
quatre heures, jufqu'à ce que cette première efcouade
lui foit rentrée.

27.

L'efcouade de fervice fera toujours tirée de l'efcouade
de conftitution, enforte que l'efcouade de fervice ne foit

jamais mêlée de Cavaliers de deux eſcouades de conſtitution.

28.

Pour que les eſcouades de conſtitution contribuent
à-peu-près également au ſervice , toutes les fois que
l'inégalité entre la force de ces eſcouades deviendra trop
ſenſible , le Commandant du régiment pourvoira à ce
qu'elles ſoient égaliſées.

29.

Le ſervice par eſcouade employant beaucoup de
Brigadiers & d'Appointés , ils ſeront toujours tenus complets , & ſeront ſuppléés dans les compagnies où ils ne
ſeroient pas préſens , par les plus anciens Cavaliers
déſignés par les Commandans de compagnie pour faire
ce ſervice.

30.

Tout bas-Officier ou Cavalier commandé pour un
ſervice à cheval , emportera toujours, à moins que ce ne
ſoit ordonné autrement , tout ſon équipage avec lui.

31.

Pour le ſervice à pied & les covées , on tirera un
nombre égal de Cavaliers de chaque compagnie du
régiment , & on les formera en eſcouade de la même
force que les eſcouades de ſervice , qui ſeront commandées
par des Officiers & bas-Officiers, dans la même proportion
que les détachemens.

32.

On commandera de préférence pour le ſervice à pied,
les Cavaliers démontés ou dont les chevaux ſeront éclopés;
on obſervera que les Cavaliers démontés ou éclopés ſoient
commandés autant de fois pour le ſervice à pied, que les
autres Cavaliers le ſeront pour le ſervice à cheval.

33.

Tout bas-Officier ou Cavalier commandé pour le
ſervice à pied , avant de quitter ſa tente , remettra,

en

en préfence d'un Maréchal-des-logis, au Brigadier de fon efcouade fon équipage ployé & prêt à charger, ainfi que celui de fon cheval, & le Maréchal-des-logis ou Brigadier nommera tout de fuite un Cavalier pour en avoir foin, & pour, en cas d'alarme, mener fon cheval tout chargé où il lui fera indiqué, fuivant les circonftances, par le Commandant de la compagnie.

34.

Les Porte-Etendarts, Quartier-Maîtres & Adjudans, ne feront point de fervice, & feront employés aux diftributions, exercices, détails de police & de difcipline, ainfi que les Commandans des régimens le jugeront le plus avantageux pour le bien du fervice.

TITRE XI.

De l'affemblée, infpection & départ des Gardes & détachemens.

ARTICLE PREMIER.

L'HEURE de la garde fera fixée, depuis le premier Mai jufqu'au premier Septembre, à fept heures du matin; & à huit depuis le premier Septembre.

2.

L'affemblée & l'infpection des gardes & détachemens feront faites habituellement par Brigade ; elles n'auront lieu par divifion que dans les camps de féjour, & quand le Commandant de la divifion l'ordonnera.

3.

Une demi-heure avant qu'on ne fonne des appels pour la garde, les Commandans des régimens feront affembler à la tête de leur camp les piquets, gardes & détachemens, & ils en feront ou feront faire par un Officier fupérieur une infpection, pour s'affurer que les piquets, gardes &

Cavalerie. K

détachemens, soient pourvus chacun de ce qui est nécessaire ou relatif au service qui lui est destiné.

4.

Si les gardes ou détachemens devoient être à poste fixe ou de plusieurs jours, & avoient reçu en conséquence l'ordre de se pourvoir de pain, viande, marmites, ou d'un supplément de munitions de guerre, l'Officier supérieur veillera à ce que ces ordres soient ponctuellement remplis.

5.

Les Officiers commandés joindront à la tête de leur régiment les gardes & détachemens avec lesquels ils devront marcher, ils assisteront à l'inspection qu'en fera l'Officier supérieur, & lui feront les demandes & observations qu'ils jugeront convenables, pour assurer le bon état de la troupe qu'ils doivent commander.

6.

Lorsque l'Infanterie battra la garde, tous les piquets, détachemens & gardes, à l'exception de celle de police, se rendront en avant du centre de leur brigade, à dix toises du front de bandière, où l'Officier supérieur de jour de la brigade établi & commandé à cet effet par le Titre 15, se trouvera pour en faire l'inspection, s'il le juge à propos, ou si le Commandant de la brigade l'ordonne, & pour la faire défiler.

7.

Si l'assemblée & l'inspection doivent avoir lieu par division, l'Officier supérieur de jour de la brigade se mettra à la tête des détachemens, gardes & piquets de sa brigade, pour les conduire au centre de la division, où il recevra les ordres du Chef de la division, qui en aura fait prévenir les Maréchaux-de-camp commandant les brigades, & les Commandans des régimens, pour qu'ils s'y rendent.

8.

Les Officiers généraux de jour & le Maréchal général des Logis de la Cavalerie, se trouveront, quand ils le jugeront à propos, aux inspections des piquets, gardes & détachemens, soit qu'elles se fassent par brigade ou par division, pour pouvoir s'assurer de l'exécution des ordres donnés & en rendre compte au Général ; mais ils ne pourront, pour se trouver à ces inspections, rien changer à l'heure & à la marche réglées pour le service.

9.

Les Majors des régimens auront soin de faire trouver au rendez-vous des gardes, les Cavaliers d'ordonnance des postes extérieurs, s'ils en ont fourni : ces Cavaliers se mettront, à l'inspection, en face de la troupe qu'ils auront à conduire, & en prendront la tête lorsqu'elle défilera.

10.

L'inspection des piquets, gardes & détachement de la division étant faite, le Lieutenant-général donnera ordre au plus ancien Officier supérieur de jour, de la faire défiler.

11.

Les premières gardes qui seront posées à l'arrivée de l'armée dans le camp, ou celles qui seront commandées d'augmentation, seront conduites par ceux qui auront été chargés de reconnoître leurs postes.

12.

Les jours de marche, chaque brigade enverra avec ses campemens, un détachement de quatre escouades, pour servir de nouvelles gardes en arrivant au camp, si cela est nécessaire.

TITRE XII.

Des Regles de police , discipline , & service intérieur dans le camp.

ARTICLE PREMIER.

Il y aura tous les jours dans chaque régiment, un Capitaine & un Lieutenant ou Sous-Lieutenant, de police.

Leur service commencera une heure après celle de la garde, & finira le lendemain à la même heure.

Ces Officiers, conformément au Titre & Article 9, feront ceux qui sortoient de piquet, s'ils n'ont pas été commandés pour un autre service.

La garde de police sera à leurs ordres, & ils répondront de la police & du bon ordre du camp de leur régiment.

Ils seront eux-mêmes aux ordres de l'Officier de jour de la brigade.

2.

Indépendamment des Officiers de police par régiment, il y aura un Lieutenant ou Sous-Lieutenant de jour par escadron, dont le service commencera à l'heure de la garde, & finira le lendemain à la même heure.

Ces Officiers ne pourront sortir du camp du régiment, & seront aux ordres du Capitaine de police, & rendront compte ensuite au Commandant de leur compagnie.

3.

Sa Majesté n'entend point toutefois que le service spécialement confié aux Officiers de police & de jour, dispense les autres Officiers de remplir, dans les escadrons & compagnies, les fonctions qui leur sont attribuées par l'Ordonnance de constitution.

4.

4.

Il sera commandé journellement un bas-Officier dans chaque compagnie, pour aider dans ses fonctions l'Officier de jour de l'escadron.

5.

A six heures du matin, depuis le premier Mai jusqu'au premier Septembre, & à sept heures depuis le premier Septembre, le trompette de la garde de police sonnera trois appels ; l'une à droite, l'autre à gauche, & la troisième au centre du régiment.

6.

A ce signal les Officiers de police se rendront à la tête du camp, & les Officiers de jour à leur escadron.

7.

Les Officiers de police feront sortir la garde de police de sa tente, la feront mettre en état de tout point ; ils enverront un Brigadier retirer les sentinelles de nuit.

Les Officiers de jour feront faire un premier appel, tente par tente, en appelant les Cavaliers par leur nom, & les obligeant de répondre chacun pour soi.

Ils rendront compte de ce premier appel au Capitaine de police par des billets d'appel datés & signés d'eux dans la forme prescrite par le Réglement de police & de discipline intérieure : celui-ci en fera un billet d'appel général qu'il enverra, par le Lieutenant ou Sous-Lieutenant de police, au Commandant du régiment.

8.

Une demi-heure après, les Maréchaux-des-logis iront au rapport avec la feuille établie chez le Quartier-Maître du régiment, lequel écrira en conséquence le rapport journalier du régiment, & l'enverra, signé de lui, au Major en second : celui-ci remplira les détails qui sont au dos du rapport, d'après les rapports particuliers des Commandans des efcadrons ; il enverra ledit rapport général au Major, d'où, par le Lieutenant-Colonel, il parviendra au Colonel.

9.

Le Major du régiment fera fpécialement chargé de faire faire, par le Quartier-maître, un double du rapport général ci-deffus, & il l'enverra, certifié par lui, au Major de brigade qui en compofera celui de la brigade, pour le faire paffer, de même certifié par lui, au Major de divifion, lequel enverra celui de la divifion dans la même forme, au Major général, qui extraira de ces rapports le compte que le Général de l'armée lui aura prefcrit de lui rendre.

10.

A l'égard des Officiers généraux divifionnaires, le Colonel fera paffer le rapport journalier du régiment, figné de lui, au Maréchal de camp commandant la brigade, & celui-ci au Lieutenant général de la divifion.

Nota. On fe fervira, dans le prochain raffemblement, des modèles établis, en ne rempliffant que les cafes néceffaires, & dans la rédaction définitive de l'Ordonnance du fervice de campagne, il fera inféré de nouveaux modèles fimplifiés & réduits à ce que ce fervice rendra indifpenfable.

11.

Les Officiers feront enfuite relever le fumier fous les chevaux, balayer les rues & le front du camp, & panfer les chevaux.

Après le panfage, les Cavaliers commandés de garde, de piquet & de détachement, felleront leurs chevaux.

12.

Une heure après ces appels, & lorfque l'Infanterie battra la garde, le Trompette de police fonnera quatre appels qui ferviront de fignal, pour faire monter à cheval les piquets, gardes & détachémens qui fe raffembleront en avant du centre du régiment, où ils feront infpectés par le Capitaine de piquet, & poftés enfuite à la droite de l'ancien piquet qui fera à dix toifes en avant du centre de la brigade.

13.

Pendant l'affemblée d'infpection des gardes, le Maréchal-des-logis de police relevera les étendarts, les plantera, à côté les uns des autres, auprès du chevalet de la garde de police, & les arborera, fi le temps le permet.

14.

Les jours ouvriers, le Trompette de police fonnera trois appels pour la Meffe, immédiatement après que les piquets feront rentrés.

Les Dimanches & Fêtes, ces appels feront fonnés par tous les Trompettes réunis à la droite du régiment, à l'heure que le Commandant du régiment l'ordonnera.

15.

Après que la garde de police aura été relevée, les chevaux feront menés à l'abreuvoir, par efcadron, un Maréchal-des-logis à la tête, un Brigadier à la queue, & conduits par un Lieutenant ou Sous-Lieutenant de corvée.

Les chevaux de piquet iront à l'abreuvoir féparément & par moitié, comme il a été dit au Titre 9, Art. 19.

16.

Au retour de l'abreuvoir, on donnera l'avoine aux chevaux, en préfence des Officiers de jour. Les Cavaliers auront foin de balayer enfuite la place des chevaux, & releveront le fumier derrière eux.

17.

Les Dimanches & Fêtes, il y aura infpection générale des efcadrons. Cette infpection fera faite fans armes & dans la même forme qu'elle eft prefcrite dans l'Ordonnance de police intérieure des régimens.

44

Les compagnies & efcadrons s'affembleront pour ces infpections aux appels fonnés pour la Meffe.

18.

Après l'infpection, les compagnies & efcadrons feront conduits à la Meffe, en ordre, en fe conformant, en tout ce qui fera poffible, à ce qui eft prefcrit par l'Ordonnance de police & difcipline intérieure des régimens.

19.

A dix heures, dans les camps de féjour, le Trompette de police fonnera trois appels. A ce fignal, les Cavaliers s'affembleront dans les rues du camp, derrière leurs chevaux & fe faifant face.

L'Officier de jour fera l'appel dans les formes prefcrites par le Réglement de police, & il en rendra compte au Capitaine de police; & en outre, dans le cas où il manqueroit quelqu'un, au Commandant de l'efcadron.

Le Capitaine de police rendra compte de l'appel de la foupe au Commandant du régiment.

20.

L'Officier de jour vifitera, à l'heure de la foupe, toutes les denrées qui compofent l'ordinaire du Soldat, & il prendra ce moment pour s'affurer du bon ordre & de la propreté des tentes.

21.

La foupe du foir fe mangera à quatre heures, & de même au fignal des appels du Trompette de police. Elle fera précédée d'un appel fait dans la même forme que celui de la foupe du matin.

22.

Les Hommes de la garde de police iront manger la foupe à leur Compagnie.

23.

Dans les camps, les bas-Officiers pourront manger aux ordinaires de leur compagnie.

24.

24.

Les régimens qui font dans l'ufage de ne manger qu'une fois la foupe à midi, pourront continuer à s'y conformer, & les appels feront faits à cette heure, dans la forme ci-deffus.

25.

Deux heures avant la retraite, il fera fonné trois appels. A ce fignal, la moitié du piquet ira à l'abreuvoir fucceffivement, & à fon retour, tous les chevaux du régiment y feront conduits de la même manière que le matin, après quoi l'on donnera l'avoine.

26.

Lorfque les Commandans des régimens jugeront à propos de faire mener les chevaux à l'abreuvoir plus fouvent pendant les grandes chaleurs, ils s'y feront autorifer par les Maréchaux-de-camp commandant leur brigade. Dans les camps de féjour, ils pourront ordonner un panfage après-midi & en fixeront l'heure.

27.

Une demi-heure avant la retraite, le Trompette de police fonnera un appel qui fervira de fignal pour la prière, l'Aumônier la fera en avant du centre du régiment ; les Cavaliers s'y rendront, & les Officiers de police s'y trouveront pour maintenir le bon ordre.

28.

Après la prière, les Trompettes fe raffembleront auprès des étendarts du régiment, & ils fonneront des fanfares jufqu'à l'heure de la retraite.

29.

On fonnera tous les jours la retraite au foleil couchant, au fignal d'un coup de canon, ou à ce défaut, au fignal que donneront les Tambours de la Brigade de la droite.

30.

Pour toutes les sonneries, les Trompettes se placeront auprès des étendarts, auront attention de commencer au signal & de finir tout à la fois.

31.

La retraite étant sonnée, le Maréchal-des-logis de garde de police repliera les étendarts, les posera en-semble sur deux petits chevalets placés pour cet usage, entre la tente de la garde de police & son faisceau d'armes.

32.

Les bas-Officiers des compagnies veilleront à ce qu'après la retraite sonnée, aucuns Cavaliers ne soient hors de leurs tentes en chemise.

33.

Une heure après la retraite au plus tard on éteindra les feux des cuisine ; les Vivandiers cesseront de donner à boire, & les Cavaliers rentrerontdans les tentes.

34.

Avant la nuit, les rues seront barrées par des cordes du côté du front de bandière, & à la queue du camp du côté des cuisines, & il sera placé un Cavalier de garde d'écurie dans chaque rue, pour veiller sur les chevaux.

Ce Cavalier, qui ne sera ni armé ni équipé, sera fourni alternativement par chacune des chambrées qui formeront la rue. Les Maréchaux-des-logis auront soin qu'ils soient relevés de demi-heure en demi-heure. Le Cavalier de garde d'écurie, quand sa faction sera finie, ira appeller à la tente celui qui devra le relever, sans qu'il soit besoin qu'un bas-Officier aille les conduire. Les Officiers de police veilleront à ce que les gardes d'écurie soient assidus à leurs fonctions.

35.

Après la retraite , le Capitaine de police enverra placer par le Brigadier , les sentinelles de nuit auxquelles il sera consigné d'arrêter tous les Cavaliers qui rentreroient au camp par les derrières, ou qui voudroient en sortir.

36.

Après la retraite , toutes les compagnies se mettront en haie dans les grandes rues du camp , pour l'appel.

37.

Cet appel sera fait dans chaque compagnie, par l'Officier de jour , qui dressera ensuite un billet d'appel, sur lequel il marquera s'il manque quelqu'un ou non , en rappellant le mouvement d'un appel du matin & de ceux de soupe.

38.

L'Officier de jour datera & signera ce billet , & il le portera au Capitaine de police , qui en fera un billet général , pour le faire passer de grade en grade au Commandant du régiment. L'Officier de jour rendra de plus compte de l'appel au Capitaine en second , qui en rendra compte au Chef d'escadron.

39.

La régularité des appels, & les punitions en cas de négligence & faux appels, auront lieu conformément à ce qui a été dit à l'Ordonnance de police & discipline intérieure.

40.

Indépendamment des appels du matin & du soir, ainsi que de ceux des soupers, les Commandans des régimens & des brigades y ajouteront ceux qu'ils jugeront nécessaires, suivant les circonstances particulieres relatives à la position & à la discipline,

41.

Les appels de jour se feront toujours hors des tentes, en haie dans les rues ; & ceux de nuit, dans les tentes & sans bruit.

42.

Lorsque la proximité de l'ennemi pourroit rendre l'évasion d'un homme de quelqu'importance, le Commandant du régiment en informera sur le champ le Major général, pour que le Général en soit instruit le plus promptement possible, & il en rendra compte en même temps au Commandant de la brigade.

43.

Dans les camps de séjour, le front de bandière sera banné à dix toises en avant de ce même front de bandière, par des travées, afin d'empêcher les chevaux d'y passer.

44.

Les Commandans des régimens ordonneront des visites de tentes, de porte-manteaux & de marmites aussi souvent qu'ils le jugeront nécessaire.

45.

Toutes les fois que les Cavaliers auront besoin d'être conduits au bois, ils y seront menés par des escortes armées, ainsi qu'il a été dit au Titre de l'établissement du camp.

46.

Comme il est nécessaire d'aller à l'eau plusieurs fois dans la journée, les Cavaliers de chaque compagnie pourront y aller, conduits par un bas-Officier armé.

47.

Les valets pourront aller au bois & à l'eau sans escorte ; mais ils seront sévérement punis des dégâts qu'ils commettront.

48.

48.

La punition de la garde du camp ne fera plus habituelle, on mettra feulement à la garde de police ceux qui feront accufés ou coupables de délits graves; on pourra y mettre auffi momentannément ceux dont la détention fera jugée néceffaire, dans le même cas où l'on employe la falle de difcipline.

49.

Sa Majefté renvoye au furplus pour tout ce qui eft relatif aux punitions, tant des Officiers que des bas-Officiers & Cavaliers, à ce qu'elle a prefcrit dans l'Ordonnance de difcipline & police intérieure.

50.

Les Officiers de jour feront tous les jours la vifite des armes de leur efcadron, ils s'adrefferont au Chef d'efcadron, & ceux-ci aux Officiers fupérieurs des régimens, pour qu'il y foit ordonné les réparations néceffaires, & ils tiendront la main à ce qu'elles foient bien & promptement faites.

51.

Ils veilleront de même, ainfi que les bas-Officiers de l'efcadron, lorfque la diftribution de la poudre, des balles & des pierres-à-fufil aura été faite, à ce que les Cavaliers aient toujours leurs porte-cartouches garnis, & chacun deux pierres de rechange, avec les autres petits uftenfiles néceffaires pour la propreté & l'entretien des armes.

52.

A mefure que ces munitions feront confommées, les Majors des régimens en informeront le Maréchal-général-des-logis de la Cavalerie, afin qu'il puiffe les faire remplacer.

53.

Dans les camps de féjour, les exercices de détail auront lieu quand les Commandans des régimens le jugeront néceſſaire ; mais les régimens ne pourront monter à cheval pour manœuvrer, qu'avec la permiſſion du Commandant de la brigade.

La brigade ne pourra manœuvrer enſemble, qu'avec la permiſſion du Chef de la diviſion, & la diviſion qu'avec celle du Général de l'armée.

54.

Il ſera défendu de tirer des coups de piſtolet ou de mouſqueton dans les camps des troupes à cheval, & les régimens ne pourront tirailler en manœuvrant, qu'avec la permiſſion du Général.

55.

Les bas-Officiers auront attention de retirer la poudre & les balles des Cavaliers de leurs Compagnies, qui ſeront envoyés aux hôpitaux, & de les diſtribuer à ceux qui en manqueront.

56.

Lorſqu'après la pluie, il ſera néceſſaire de faire décharger les mouſquetons, les bas-Officiers auront ſoin de faire décharger avec un tire-bourre ceux qui auront été mouillés, & s'il y en a qu'on ne puiſſe décharger de cette manière, ils ne pouront être tirés qu'entre neuf & dix heures du matin, en préſence d'un Officier de police, qui prendra les précautions néceſſaires pour éviter les accidens.

57.

Dans les camps de ſéjour, il ſera établi à la tête du camp de chaque brigade, des jeux & exercices propres à amuſer le Cavalier, & à augmenter ſon agilité & ſa force.

58.

Les Commandans des régimens auront ſoin d'exciter ſur cet objet l'émulation des Cavaliers, en aſſiſtant eux-mêmes fréquemment à ces jeux.

Les Cavaliers qui auront befoin d'aller au quartier général, y feront conduits par des Officiers fubalternes & bas-Officiers, en proportion de leur nombre.

60.

Ces Officiers & bas-Officiers les affembleront à fept heures du matin à la tête du camp de leur régiment, en feront l'appel, & les conduiront jufqu'à l'entrée du quartier général ; là ils leur donneront un rendez-vous pour fe raffembler à l'heure qu'ils leur indiqueront, en feront alors de nouveau l'appel, & les rameneront au camp ; les Cavaliers qui auront manqué à fe trouver à ce rendez-vous, feront punis en arrivant au camp.

S'il y a plufieurs quartiers généraux ou autres lieux de marchés qui puiffent procurer des reffources aux Cavaliers, fans inconvénient pour l'armée, le Maréchal-général-des-logis de la cavalerie les indiquera aux brigades & les autorifera à y envoyer dans la forme prefcrite ci-deffus.

61.

De tout le refte de la journée, il ne fera plus permis à aucun Cavalier de fortir du camp de fon régiment, à moins d'être conduit par un bas-Officier.

62.

Toutes les fentinelles du camp arrêteront indiftinctement tout Soldat, Cavalier, Dragon, Huffard, ou Chaffeur paffant à portée d'elle, & qui feroit forti ou voudroit fortir de l'enceinte de la brigade dont il fait partie, & elles appelleront la garde de police, qui les conduira à la garde du camp, & en rendra compte au Capitaine de police ; celui-ci en informera le Major du régiment, qui en donnera avis au Major du régiment dont fera le Soldat ou Cavalier détenu.

La vigilance des fentinelles à l'exécution de cet ordre

est très-importante pour la discipline de l'armée, & les Capitaines de police en seront responsables.

63.

La sûreté de l'armée exigeant qu'il y ait toujours au camp un assez grand nombre d'Officiers pour se mettre à la tête des Troupes en cas d'évènemens, la moitié des Officiers & un Officier supérieur par Régiment ne pourront jamais s'absenter du camp de la brigade, & les Commandans des régimens en seront responsables.

64

La propreté des Cavaliers contribuant à leur santé, lorsqu'il y aura des rivières ou ruisseaux à portée, & que la saison le permettra, on les y menera baigner fréquemment, conduits par des Officiers & bas-Officiers.

65.

Les Commandans des régimens feront reconnoître auparavant des endroits sablonneux & guéables ; aucun Cavalier ne pourra s'écarter des limites qui seront marquées, & y aller sans escorte.

66.

Lorsque le Général de l'armée, les Princes du Sang & légitimés de France, & les Maréchaux de France, passeront le long du front du camp, les Cavaliers rempliront les rues en vestes & en bonnets.

Nota. Sa Majesté se réserve de fixer dans le code tout ce qui a rapport aux divers Etats-Majors généraux des armées, tant pour leur constitution & composition que pour leur service. On se conformera, en attendant, à ce qui est établi, à la réserve de la place de Major Général des Dragons, dont Elle supprime l'usage dès ce moment-ci, son intention étant que toutes les Troupes à cheval sans exception ressortent, pour les détails du service de l'armée, du Maréchal-Général-des-logis de la Cavalerie.

TITRE

TITRE XIII.

De l'organisation de l'Armée, & des Etats-Majors généraux.

ARTICLE PREMIER.

IL sera fait au commencement de chaque campagne, d'après les ordres du Général, par le Maréchal-général-des-logis de l'armée, un tableau de l'ordre de bataille, dans lequel les Officiers généraux seront placés suivant les dispositions qu'en fera le Général de l'armée ; les Officiers généraux seront attachés par préférence à l'arme dans laquelle ils auront servi.

2.

L'armée sera partagée en un nombre de divisions de cavalerie & d'infanterie proportionnées à la quantité des Troupes de cette armée.

3.

Chaque division de cavalerie sera composée d'un nombre à-peu-près égal de brigades de première & seconde ligne, qui seront nommées une fois à l'ordre, au commencement de la campagne, & cela ne changera plus jusqu'à la fin, à moins que le Général ne juge à propos d'ordonner qu'il soit fait un nouvel ordre de bataille.

4.

Les Généraux des armées & les Officiers généraux qui y seront employés, pourront cependant placer dans les différens postes, ou faire marcher en détachement, lorsque le besoin le demandera, indistinctement toutes les brigades ou régimens de Cavalerie ou de Dragons: défendant Sa Majesté, qu'il y ait jamais de discussion de rang à cet égard, & voulant que les droits d'an-

cienneté de brigades & de régimens foient toujours.
fubordonnés aux difpofitions des Généraux.

5.

Lorfqu'il aura été détaché une ou plufieurs brigades
d'une divifion, & qu'elles rentreront en ligne, elles
reprendront leur rang dans cette divifion.

6.

Lorfqu'il y aura une brigade d'Infanterie attachée à
chaque divifion de Cavalerie pour couvrir fon flanc,
cette brigade fera aux ordres du Lieutenant-général
commandant cette divifion.

7.

Chaque divifion de Cavalerie fera commandée par
un Lieutenant-général, qui fera nommé pour toute la
campagne, & aura fous lui autant de Maréchaux-de-
camp que de brigades.

8.

Il fera marqué aux Officiers généraux, les logemens
les plus à portée de la divifion à laquelle ils feront
attachés.

9.

En cas que le Lieutenant-général commandant la
divifion fût abfent, l'Officier général le plus ancien de
la divifion la commandera, fans que les autres Officiers
généraux de l'armée puiffent en aller prendre le commandement, à moins d'un ordre du Général.

10.

Le Lieutenant-général commandant la divifion fera
chargé fupérieurement de tout le détail qui la concerne;
fervice, difcipline, police, ce fera à lui que les Maréchaux-de-camp attachés aux brigades rendront compte,
de tout ce qui concerne ces objets.

Lorfque les divifions feront de plus de trois brigades, il y aura dans chaque divifion un Maréchal-de-camp de jour, nommé à tour de fervice par le Lieutenant-général de la divifion, & chargé fous lui de tous les détails qui la concerneront. Ce Maréchal-de-camp ne s'éloignera pas de la divifion pendant la durée des vingt-quatre heures, & la nuit fon Aide-de-camp fera en pofte fixe, à portée du Major de la divifion, pour lui porter avec plus de célérité les ordres & les nouvelles qui pourroient furvenir.

12.

Si les divifions font de trois brigades & au-deffous, il n'y aura qu'un Maréchal-de-camp de jour pour les deux divifions de la même armée, les plus voifines dans la ligne, & alors ce Maréchal-de-camp rendra compte aux deux Lieutenans-généraux.

13.

Il y aura dans chaque brigade un Officier fupérieur de jour par brigade, lequel fera aux ordres du Maréchal-de-camp de jour de la divifion, & affujetti à ne pas quitter fa brigade.

14.

Tous ces Officiers généraux & fupérieurs de jour, feront eux-mêmes aux ordres d'un Lieutenant-général de jour, commandé à cet effet, fur tous les Lieutenans-généraux de l'armée, de quelqu'arme qu'ils foient, par le Major-général.

15.

Ainfi pour réfumer cet ordre & cet enchaînement de fervice, les Officiers de jour dans les compagnies, répondront au Capitaine de police dans les régimens; le Capitaine de police dans les régimens, à l'Officier fupérieur de jour dans la brigade; l'Officier fupérieur

de jour de la brigade, au Maréchal-de-camp de jour
de la division ; & le Maréchal-de-camp de jour de la
division, au Lieutenant-général de jour de l'armée.

16.

Le plus ancien Major de brigade de chaque division,
fera le détail de cette division ; il aura pendant la nuit
un fanal élevé au haut d'une perche, qui indiquera sa
tente, laquelle restera placée où elle doit l'être dans
l'ordre du campement du régiment, le Major de division
ne devant point par ses fonctions, être dispensé du service
qu'il doit remplir à son régiment.

17.

Ce sera à lui que le Maréchal-général-des-logis de
la Cavalerie, adressera directement tous les ordres ; il les
distribuera sur-le-champ aux Majors de brigade de sa
division, & en rendra compte au Lieutenant-général
con mandant.

18.

Il y aura à la tente du Major de la division, un
Brigadier & un Cavalier d'ordonnance de chacune des
brigades, par lesquels il leur fera passer sur-le-champ,
les ordres qu'il aura à leur envoyer.

19.

Il y aura outre cela, un Brigadier d'ordonnance,
fourni alternativement par toutes les brigades, pour
aller porter au Lieutenant - général les ordres qui par-
viendront au Major de la division.

20.

Les Officiers généraux attachés à chaque division
de Cavalerie, devant être logés à portée du Lieutenant-
général qui la commandera, y feront prendre tous les
jours chez lui par leurs Aides-de-camp, l'ordre journalier.

21.

2 1.

Quant aux ordres inattendus, ou ceux les concernant particuliérement, ils leur feront envoyés par un Cavalier d'ordonnance ; & dans des cas importans & preffés, par un Officier d'ordonnance.

2 2.

Les gardes des Officiers généraux des divifions & Troupes à cheval, feront fournies par la brigade d'Infanterie de flanc.

S'ils étoient trop nombreux pour qu'elle pût y fuffire, le Major-général de l'Infanterie nommeroit d'autres régimens pour y fuppléer.

2 3.

Il partira tous les jours à l'heure de la garde, de chaque divifion de Cavalerie, des Cavaliers ou Dragons d'ordonnance, qui fe rendront aux tentes des Majors de divifions d'Infanterie, dans un nombre proportionné aux befoins & aux circonftances, & fixé à cet effet par le Major-général.

2 4.

Les Majors des régimens de Troupes à cheval, donneront à l'un de ces Cavaliers un billet qui indiquera la divifion à laquelle ils feront deftinés.

2 5.

Il fera fait mention dans ce billet, de l'heure à laquelle ils auront été expédiés ; le Major des divifions donnera un reçu aux Cavaliers relevés, dans lequel il marquera l'heure de l'arrivée des nouveaux, & du départ des anciens.

2 6.

Il fera envoyé tous les jours à la même heure, des Cavaliers d'ordonnance au Major de la brigade d'Infanterie qui couvrira le flanc.

Cavalerie.   P.

27.

Les Cavaliers d'ordonnance feront pendant les vingt-quatre heures, & jufqu'à ce qu'ils aient été relevés, aux ordres des Majors des divifions, & exécuteront tout ce qui leur fera prefcrit par eux.

28.

Il fera envoyé chez le Maréchal-général-des-logis de la Cavalerie, le nombre d'ordonnances néceffaire ; on aura foin de faire commander tour-à-tour dans les divifions, un Brigadier pour les commander.

29.

Toutes ces ordonnances ne fuivront point les Officiers auxquels elles feront envoyées, étant uniquement deftinées à porter aux brigades, les ordres qu'ils auront à leur faire parvenir.

On choifira toujours les Brigadiers & Cavaliers d'ordonnance parmi les plus fages & les plus intelligens, fans s'attacher à l'ancienneté.

30.

Les jours de marche, les ordonnances du Général de la Cavalerie & du Maréchal-général-des-logis de la Cavalerie, marcheront avec la garde du quartier général ; & dès que les logemens feront marqués, elles fe rendront tout de fuite à celui du Général & du Maréchal-général des-logis de la Cavalerie.

31.

Il fera envoyé auffi tous les jours, à l'heure de la garde, un Cavalier d'ordonnance par brigade, au Major de la brigade.

Les jours de marche, ces Cavaliers marcheront avec les campemens de la brigade.

32.

Les Majors de brigade n'iront plus à l'ordre au

quartier général, & il n'y aura plus d'ordre dicté publi-
quement, chez le Maréchal - général - des - logis de la
Cavalerie.

33.

Il enverra tous les jours l'ordre par écrit, signé &
cacheté, aux Majors des divisions, qui le distribueront
aux brigades qui les composeront, & feront le détail
particulier de leur service.

34.

Les Aides-Maréchaux généraux des logis de la Cavalerie,
feront eux-mêmes porteurs de tous les ordres importans,
comme marche d'armée ou d'un gros détachement.

35.

. Le Maréchal-général-des-logis de la Cavalerie, fera
mention dans tous les ordres, de l'heure à laquelle ils
auront été envoyés, & les Majors des divisions dans les
reçus, de celle à laquelle ils leur feront parvenus.

36.

Cela fera également exécuté par les Majors des
divisions, vis-à-vis des Majors des brigades, & par les
Majors des brigades vis-à-vis des Majors des régimens.

37.

Tous les reçus, consignes ou ordres, feront écrits
avec de l'encre, & tous les ordres cachetés.

38.

Les Majors des divisions, auront un contrôle pour
faire fournir chaque brigade à son tour, & le Maréchal-
général-des-logis de la Cavalerie en aura un, pour égalifer
le service des divisions, autant que cela fera possible.

39.

Chaque division de Cavalerie, ainsi que la brigade

de flanc, fourniront les postes avancés les plus à portée
de son camp.

40.

Le sjours de marche, le Lieutenant-général de jour,
aura attention à cet objet, dans la répartition des postes.

41.

Lorsque les Commandans de division jugeront à
propos de placer des gardes pour la sûreté ou police
de leur division, ils en feront rendre compte le lendemain au Maréchal-général-des-logis de la Cavalerie, par
le Major de division.

42.

Dans les camps de séjour, le Major de division aura
soin que les mêmes postes soient, autant qu'il se pourra,
occupés par des gardes des mêmes brigades.

43.

Il enverra tous les matins au Maréchal-général des
logis de la Cavalerie, avec le rapport de la division,
le détail des gardes & détachemens, qu'elle aura fournis
dans les vingt-quatre heures.

44.

Dans les réserves ou corps séparés qui ne seront pas
assez considérables pour former des divisions, le service
se fera par brigade, & chaque brigade enverra un
Cavalier d'ordonnance chez l'Aide-maréchal-général
des logis de la Cavalerie chargé du détail.

S'il n'y avoit point d'Aide-maréchal-général des
logis de la Cavalerie, le plus ancien Major en feroit
les fonctions.

TITRE

TITRE XIV.

Des Avant - Gardes, des Corps détachés & des Réserves.

ARTICLE PREMIER.

LE Général formera, s'il le juge à propos, des avant-gardes, soit paffagères, soit permanentes, & les employera ainfi qu'il le trouvera le plus avantageux.

2.

Ces avant-gardes feront compofées d'un ou plufieurs régimens de Huffards, Dragons ou Chaffeurs, & de bataillons d'Infanterie légère, qu'on renforcera au befoin, de bataillons de Grenadiers & Chaffeurs, & même de brigades de ligne.

On leur attachera une divifion d'artillerie du parc, proportionnée à leur force, avec des munitions pour le canon de l'Infanterie, des cartouches à fufil, & un petit détachement de l'hôpital ambulant.

3.

Le Général choifira pour commander ces corps, les Officiers généraux qu'il y jugera les plus propres.

4.

Si pour opérer féparément, ou pour faciliter les fubfiftances, le Général de l'armée juge à propos de former des corps détachés, il leur donnera la compofition qu'il croira convenable.

Il fera d'ailleurs obfervé, quant à la divifion, le fervice & la police de ces corps détachés, autant qu'il fe pourra, tout ce qui eft prefcrit dans le préfent Réglement pour l'armée ; ces corps devant toujours refter des portions de l'armée, & auffi fubordonnés comme elle au Général en chef.

Cavalerie.

Q

5.

Le Général fera toujours le maître de faire rentrer en ligne les corps détachés en tout ou en partie, & il le fera de temps en temps, pour laisser reposer les Troupes qui les auront composés, faire partager également les occasions d'agir à toutes celles de l'armée, & former un plus grand nombre d'Officiers généraux, en les employant, soit en chef, soit en second, au commandement de ces camps.

6.

Le Général choisira, dans le nombre des Officiers généraux, ceux qu'il connoîtra les plus capables, pour commander les corps détachés, & il y attachera sous eux, d'autres Officiers généraux.

7.

Il pourra y avoir aussi des corps de réserve campés avec l'armée, destinés à soutenir dans les actions les parties de la ligne qui pourroient en avoir besoin, ou de remplacer les troupes qui auroient souffert, ou qui en auroient été tirées pour quelque destination particuliere; mais ils ne devront être regardés que comme des divisions de l'armée, & ils recevront les ordres des Chefs des Etats-Majors.

8.

Lorsque les corps de réserve seront seulement d'infanterie, il sera envoyé tous les jours au Major qui en fera le détail, par sa division de Cavalerie qui en fera la plus proche, le même nombre de Cavaliers d'ordonnance, qu'au Major d'une division d'Infanterie. Quand les corps seront composés de Cavalerie & d'Infanterie, la Cavalerie qui en fera partie fournira les ordonnances.

9.

Le Général choisira de même, les Officiers généraux

ou supérieurs auxquels il jugera à propos de confier le commandement des corps en réserve.

10.

Les Commandans des avant-gardes des corps détachés & des réserves, feront parvenir au Général tous les comptes qu'ils auront à lui rendre, dans la forme suivante.

La date du jour, du lieu & de l'heure, sera mise au haut de la feuille.

Ensuite en gros caractère : *Rapport* ; après quoi on fera le détail de tout ce dont on aura à informer le Général, & on le signera, sans préambule & sans la formule qu'il est d'usage de mettre au commencement & à la fin des lettres. Le Général en usera de même dans ses réponses, qui se borneront à donner ses ordres & à expliquer les moyens qu'il veut qu'on employe pour leur exécution.

Si ces rapports sont relatifs à des nouvelles de l'ennemi, celui qui les fera, ensuite de la date, du lieu & de l'heure, observera toujours d'expliquer précisément, le point où il se trouvoit lorsqu'il a vu ce dont il rend compte ; à quels points il faisoit face ; quels étoient ceux qu'il avoit à sa droite ou à sa gauche ; de manière que le Général puisse, en lisant ce rapport, ne point se tromper sur la position ou la direction de l'ennemi.

Tous les Officiers détachés, se conformeront à cet article dans les comptes qu'ils auront à rendre, soit au Général, soit aux Officiers généraux, ou supérieurs aux ordres desquels ils se trouveront.

TITRE XV.

Des fonctions des Officiers généraux & Supérieurs de jour.

ARTICLE PREMIER.

LE Titre 13 ayant déterminé le nombre & le grade des Officiers supérieurs de jour, & leurs relations, soit

entre eux, soit avec l'armée, il reste à détailler ici plus
particuliérement, leurs fonctions & ce qui les concerne.

2.

Le service des Officiers généraux & supérieurs commencera tous les jours à l'heure de la garde, & finira le
lendemain à la même heure.

Il seront commandés pour ce service, ainsi qu'il a été
dit au Titre 13.

3.

Si les piquets sont dans le cas d'être assemblés &
employés, ils seront aux ordres du Lieutenant général
de jour & du plus ancien des Maréchaux-de-camp de
jour, ou des deux plus anciens, s'il juge à propos d'en
attacher un aux piquets de chaque arme.

4.

Tous les postes de l'armée seront aux ordres du Lieutenant général de jour, & il en fera la visite ou la fera
faire par les Maréchaux-de-camp de jour, en leur assi-
gnant ceux que chacun d'eux aura à visiter.

5.

Les Officiers généraux ou Supérieurs de jour, seront
reçus dans leurs visites, des postes & gardes, comme il
sera prescrit au Titre 22.

6.

Aussi-tôt après la garde montée, les Maréchaux-de-
camp de jour, se rendront chez le Lieutenant général de
jour, pour y recevoir ses ordres.

7.

Le Maréchal-général-des-logis de la Cavalerie, enverra
par un Aide-Maréchal-général-des-logis, à l'heure de la
garde, au Lieutenant général de jour, l'état des gardes &
postes de l'armée, & cet Aide-Maréchal-des-logis, l'ac-
compagnera dans sa tournée du camp & des postes.

8.

8.

Les Maréchaux-de-camp de jour, se feront accompagner, dans la visite des postes, par les Officiers supérieurs de jour des brigades qui les fourniront.

9.

Ils examineront dans leur tournée si les postes & leurs vedettes sont bien placés, & ils questionneront les Officiers, pour savoir si on leur a consigné tout ce qui sera nécessaire.

10.

A leur retour, ils rendront compte au Lieutenant général de jour, de ce qu'ils auront vu & de ce qu'ils croiront qu'il y auroit à y changer.

11.

Lorsque les détachemens de plusieurs brigades devront se rassembler, les Officiers supérieurs de jour des brigades, s'y trouveront.

12.

Les jours de marche, le plus ancien des Maréchaux-de-camp de jour de chaque arme, ainsi que tous les Officiers supérieurs de jour, se trouveront au rendez-vous général des campemens, s'il en a été indiqué un ; ou à la tête de la colonne qui leur aura été indiquée par l'ordre de marche, de manière à être prêts à exécuter ce qui sera ordonné relativement à l'établissement ou à la sûreté du nouveau camp.

Le Lieutenant général de jour, se rendra auprès du Général de l'armée, s'il n'a pas reçu de lui d'ordre particulier.

13.

Les jours de marche, le service des Officiers généraux de jour, qui aura commencé la veille, ne finira qu'après l'établissement des nouvelles gardes dans le nouveau camp ; en sorte que dans tous les cas, tout ce qui est de service, entre de service & le finisse à la même heure.

Cavalerie.   R

66

14.

Le plus ancien Officier fupérieur de campement rangera les campemens & nouvelles gardes dans le même ordre que les brigades font campées dans l'armée.

15.

A mefure que les Maréchaux-de-camp de jour placeront des poftes, l'Officier fupérieur de jour de la brigade dont fera le pofte, en prendra une note qui renfeignera fa pofition ; il la remettra au nouvel Officier fupérieur de jour de fa brigade, & l'enverra à fon arrivée au camp, au Major de la divifion, qui la fera paffer au Maréchal-géneral-des-logis de la Cavalerie.

TITRE XVI.

De l'Ordre & du Mot.

ARTICLE PREMIER.

L'ORDRE & le Mot, feront donnés tous les jours à midi par le Général de l'armée.

2.

Le Lieutenant-général de jour, fera nommé par rang d'ancienneté.

Le Maréchal-général-des-logis de la Cavalerie, préviendra par écrit, ceux qui font attachés à la Cavalerie ; le Major-général en fera mention dans l'ordre de l'armée.

Si un Lieutenant-général attaché à la Cavalerie, & défigné pour être de jour, fe trouvoit malade, il le feroit dire par fon Aide-de-camp, au Maréchal-général-des-logis de la Cavalerie.

3.

Le Lieutenant-général entrant de jour, ainfi que les différens Chefs des Etats-Majors, & en leur abfence un de leurs Aides , feront tous les matins rendus à onze heures & demie chez le Général, pour fe trouver à l'Ordre.

4.

Si le Général de l'armée ne fe trouvoit pas à midi au quartier-général, le Lieutenant-général entrant de jour donnera le Mot, afin qu'il n'y ait jamais de retard dans la diftribution de l'Ordre journalier.

5.

Le Lieutenant-général prendra le Mot du Général & le diftribuera au Maréchal-général des-logis de l'armée, au Major-général & au Maréchal-général-des-logis de la Cavalerie, dans l'ordre où ils font nommés dans cet Article.

. Dans les avant-gardes & corps détachés, l'Ordre fera donné par le Commandant dans la même gradation.

6.

Le Maréchal-général-des-logis de la Cavalerie, enverra enfuite le Mot & le détail du fervice, aux Majors des divifions & des réferves, qui ne feront point détachées de l'armée, de manière que l'Ordre puiffe toujours être diftribué aux troupes avant la retraite.

7.

L'ordre fera toujours rédigé par écrit, par le Maréchal-général-des-logis de la Cavalerie, & envoyé par lui figné & cacheté, au Major de divifion, dans la forme fuivante.

Au camp de   le
du mois de   17

Suivra le mot de l'ordre, celui du ralliement.

Le nom du Lieutenant-général de jour.

On énoncera enfuite les bans & défenfes, s'il y en a de nouvelles à publier.

Après quoi, l'on fera le détail du fervice des troupes à cheval.

Enſuite les ordres pour les fourrages & diſtributions.

Enfin les ordres particuliers, s'il y en a à donner.

Le Maréchal-général-des-logis de la Cavalerie, ne fera mention dans les ordres qu'il enverra au Major de chaque diviſion, que des détails qui la concerneront.

8.

Le Major de la diviſion enverra par écrit & cacheté, immédiatement après l'avoir reçu, l'ordre & le mot, au Lieutenant-général, commandant la diviſion.

9.

Le Major de la diviſion, en diﬀant l'ordre, déſignera le Maréchal-de-camp de jour de la diviſion, qui ſera nommé à tour de rôle par ancienneté.

Le Major de la brigade à laquelle cet Officier-général ſera attaché, ſera ſpécialement chargé de le faire avertir; & tous les Majors de brigade, en feront mention dans l'ordre.

10.

Les Majors de brigade iront tous les jours prendre l'ordre chez le Major de la diviſion, qui le leur diﬀera avec le détail du ſervice de la diviſion.

Ils le donneront enſuite le plus promptement poſſible aux Majors des régimens de leur brigade, & l'enverront en même temps au Maréchal-de-camp, commandant la brigade.

11.

Les Majors des régimens, & à leur défaut, les Majors en ſecond, ſi les premiers ſont abſens, iront à l'ordre chez le Major de brigade, qui le leur diﬀera avec le détail concernant le ſervice de leur régiment.

12.

Si le Major en premier & le Major en ſecond étoient abſens, le Capitaine de police iroit prendre l'ordre à leur défaut.

13.

1 3.

Le Major de brigade, en donnant l'ordre, commandera, à tour de rôle & par ancienneté, l'Officier supérieur de jour de la brigade; les Majors des régimens de la brigade, en feront mention dans l'ordre.

14.

Tous les autres ordres qui feront adreſſés, ſoit de jour, ſoit de nuit, par le Maréchal-général-des-logis de la Cavalerie, aux Majors des diviſions, feront envoyés par eux, aux Majors de brigade qui les compoſeront, qui les feront paſſer aux Majors des régimens par le Brigadier ou le Cavalier d'ordonnance.

1 5.

Dès que les Majors des régimens auront pris l'ordre & le mot chez le Major de brigade, ils iront le porter à leur Colonel, lui feront la lecture de l'ordre, & recevront ceux qu'il aura à donner, après quoi ils iront donner l'ordre à leur régiment. Le Major en ſecond ſe rendra chez le Major, & s'il n'y étoit pas, il ſe rendra au cercle.

16.

En l'abſence du Colonel, le Major donnera le mot au Lieutenant-colonel, à qui il ſera porté, par un des deux Officiers de police, quand le Colonel ſera préſent.

17.

Les Majors ne s'enverront jamais l'ordre d'un régiment à l'autre, autrement que par un Officier, ou par écrit.

18.

Lorſque le Major du régiment voudra donner l'ordre, le Trompette de police ſonnera trois appels, ſans jamais crier à l'ordre.

19.

Alors le Major en ſecond, les Officiers de police,

les Officiers de jour, les Adjudans, le Vaguemeſtre, les Maréchaux-des-logis en chef, le Maréchal-des-logis de police, celui de piquet, & un Brigadier par compagnie, s'aſſembleront à la droite du régiment, à vingt pas en avant des étendarts, les Brigadiers feront armés de leur mouſqueton & les Maréchaux-des-logis de leur ſabre.

20.

Les Lieutenans & Sous-lieutenans de police, les Officiers de jour & le Quartier-maître, formeront un cercle intérieur, au milieu duquel feront le Major, le Major en ſecond & le Capitaine de police.

21.

Les Maréchaux-des-logis en feront un ſecond, en ſe rangeant ſelon l'ordre de leurs eſcadrons & compagnies.

22.

Les Brigadiers en feront un troiſieme, préſentant le mouſqueton en deſſus, & empêchant que perſonne ne s'approche.

23.

Les Adjudans, le Vaguemeſtre & le Brigadier-trompette, ſe mettront entre les Officiers & les bas-Officiers.

24.

Le Major lira l'ordre, en y ajoutant des explications qu'il croira néceſſaires, pour chacun de ceux qui le concernent.

Il nommera enſuite les Officiers commandés pour les différentes eſpèces de ſervice, & les Adjudans nommeront les bas-Officiers.

25.

Il donnera enſuite le mot au Major en ſecond, & celui-ci au Capitaine de police; celui-ci au Lieutenant

ou Sous-Lieutenant de police, d'où il paffera fucceffivement aux Officiers de jour, au Quartier-maître, &
par les Adjudans au cercle des bas-Officiers, ainfi de
fuite, jufqu'au dernier Maréchal-des-logis du cercle,
qui rendra le mot au Major.

26.

Dès que l'ordre aura été donné, à la tête du camp,
les Maréchaux-des-logis en chef porteront l'ordre aux
Officiers de leur compagnie.

27.

Ils iront enfuite donner l'ordre aux compagnies, dans
la forme prefcrite par l'Ordonnance de police de difcipline.

28.

Les Brigadiers avertiront les Cavaliers commandés
de fervice.

29.

Le Quartier - maître donnera aux Vivandiers, les
ordres qui les concernent, & le Vaguemeftre donnera
aux Valets des Officiers ceux qui regardent les équipages.

30.

Le Maréchal-des-logis du piquet portera l'ordre aux
Officiers de piquet, & recevra ceux que le Capitaine
de piquet auroit à lui donner relativement à fa troupe.

31.

Les Majors des régimens enverront l'ordre cacheté aux
gardes ordinaires que leurs régimens auront fourni, par
les ordonnances de ces gardes.

32.

On ne fonnera jamais à l'ordre pendant la nuit, pour
affembler les gardes ou détachemens, afin de ne point

72

éveiller les troupes , & d'empêcher l'ennemi d'en avoir connoiffance.

Les Officiers & bas-Officiers de police éveilleront fans bruit les Cavaliers de piquet.

33.

Le même filence & les mêmes précautions feront obfervés lorfqu'il fera commandé, pendant la nuit, des brigades , des régimens , ou des efcadrons entiers; & l'on éveillera fans bruit les troupes qui devront marcher.

34.

Lorfque l'ordre arrivera pendant la nuit , pour que l'armée entière ou qu'un corps détaché marche le lende-main , les Majors en avertiront le Commandant du Régiment feulement , le boute-felle devant feul inftruire l'Armée qu'elle doit marcher , ainfi que cela fera dit plus amplement au Titre des Marches.

TITRE XVII.

De l'ordre à obferver pour commander le fervice dans l'armée.

ARTICLE PREMIER.

LE fervice que les troupes à cheval auront à faire dans l'armée , fera dorénavant de deux fortes ; le premier fera appellé *fervice intérieur de l'armée* , le fecond, *détachement de guerre.*

2.

Sous la dénomination de fervice intérieur de l'armée , feront compris les gardes ordinaires , gardes du quartier général & de police de l'armée , efcortes & poftes de communications.

3.

Par celle de détachement de guerre , on entendra les
avant-gardes

avant-gardes ou arrieres-gardes d'armée , & les différentes opérations de guerre pour entreprendre sur l'ennemi.

4.

Pour le service intérieur de l'armée , on commandera des détachemens formés par escouades , ainsi qu'il a été dit aux Titres 9 & 10.

5.

Pour les détachemens de guerre , il sera employé par préférence, suivant leur force, des brigades & des régimens.

6.

Le Maréchal-général-des-logis de la Cavalerie , commandera les troupes pour les différens services par division, observant d'avoir égard au nombre de brigades dont chacune d'elles sera composée , pour que les divisions ne fournissent qu'à proportion de leur force.

7.

Pour cet effet il tiendra un contrôle des divisions des troupes à cheval de l'armée , sur lequel seront marquées exactement toutes les troupes commandées, afin de pouvoir égaliser leur service.

8.

Les Majors des divisions égaliseront ensuite celui des brigades dans les divisions, & les Majors de brigades , celui des régimens dans les brigades.

9.

Les Majors de brigade commanderont les Colonels , Lieutenans-Colonels , Majors & Majors en second des régimens de leur brigade , par ancienneté de commission dans leur grade.

10.

Les Colonels , Lieutenans-Colonels & Majors, pourvus de lettres de commandement pour des actions de guerre ,

Cavalerie.   T conformément à l'Ordonnance des Grades, du 17 Mars 1788, ne rouleront point pour le service avec les autres Colonels, Lieutenans-Colonels & Majors; ils prendront rang entr'eux de la date desdites lettres de commandement.

11.

Lorsque le Général jugera à propos de faire marcher des Majors en détachement, ils y commanderont suivant leur grade & ancienneté de leur brevet, si toutefois ils n'ont pas les lettres de commandement, dont il est fait mention dans l'Article ci-dessus.

12.

Les Majors en second seront commandés après tous les Majors.

13.

Si l'Etat-major de la Cavalerie avoit commandé, dans un cas pressé, des troupes d'une division plus à portée & hors du tour de cette division, il lui en tiendroit compte ensuite.

TITRE XVIII.

Des détachemens, du rang que les Troupes y garderont entr'elles, & du rang que les Officiers tiendront entr'eux pour les commander.

ARTICLE PREMIER.

Tout détachement sera formé à la tête du camp de son régiment, & de-là conduit au centre de la brigade, d'où il partira pour se rendre au rendez-vous indiqué, ou à sa destination, suivant les ordres qu'il recevra.

2.

Le Major de la brigade prendra le nom & le grade du Commandant du détachement, pour l'envoyer au Major de la division.

3.

Les détachemens de Troupes à cheval, de quelque régiment qu'ils soient, marcheront entr'eux, suivant le rang de leur brigade, & dans leur brigade, suivant le rang de leur régiment; mais les Officiers commanderont suivant l'ancienneté de leur commission ou brevet.

4.

L'ancienneté des commissions ou brevets, à parité de grade, déterminera de même le commandement entre les Officiers supérieurs.

5.

Afin de prévenir à cet égard toute contestation ou méprise, tous les Officiers qui marcheront en détachement, seront tenus de porter sur eux l'ampliation du brevet de leur grade, dont, conformément à l'Ordonnance de la Hiérarchie, ils doivent toujours être pourvus.

6.

Si lors de la réunion de plusieurs détachemens, il n'y a pas eu de Commandant spécialement nommé, le commandement sera dévolu au plus ancien Officier, d'après la confrontation de leurs brevets, faite en présence du Major de la division; & s'il y a un Commandant, cette confrontation se fera pareillement en présence de ce dernier, afin qu'à son défaut celui qui doit le remplacer soit instruit qu'il doit succéder au commandement.

7.

Les Officiers supérieurs pourvus de lettres de commandement prendront rang entr'eux de la date desdites lettres; mais Sa Majesté n'admettant d'ailleurs d'exercice de grade que pour les emplois titulaires, à la réserve des exceptions qu'elle a faites pour certains corps, dans l'Ordonnance de la Hiérarchie, aucune autre commission ne pourra donner de droit au commandement.

8.

A parité absolue de grade & d'ancienneté de grade, l'ancienneté de service dans le grade précédent, aura le commandement.

9.

Les Majors auront, en toute occasion, le rang & le commandement sur les Majors en second.

Les Chefs d'escadron sur les Capitaines, & les Lieutenans sur les sous-Lieutenans.

10.

Tout Commandant de détachement assignera, à son choix, aux Officiers supérieurs ou particuliers les postes qu'ils devront y occuper, sans qu'ils puissent former aucune prétention relativement à leurs grades.

Il placera de même les Troupes comme il le jugera nécessaire, sans que sous prétexte de rang ou de prérogatives, elles puissent refuser de se conformer à ce qui sera par lui ordonné; il observera cependant, autant qu'il sera possible, de ne point séparer le détachement d'un même régiment & d'une même brigade.

11.

Dans tout détachement, soit d'une seule arme, soit de deux armes, l'Officier de grade supérieur commandera toujours, à parité de grade, & sera le plus ancien dans le grade.

A parité d'ancienneté de grade, ce sera le plus ancien de service, dans le grade précédent.

12.

Tout Officier d'Infanterie ou de Troupes à cheval
qui

qui aura été nommé à l'ordre de l'Armée, ou aura reçu un ordre particulier du Général ou Commandant du camp, pour commander un détachement composé d'Infanterie ou de Troupes à cheval, le commandera pendant tout le temps que le détachement sera hors du camp, & dans quelque lieu qu'il se trouve.

13.

Lorsque l'Officier commandant un détachement, composé d'Infanterie & de Troupes à cheval, sera tué, fait prisonnier, ou se trouvera hors d'état de le suivre, l'Officier du grade supérieur après lui en prendra le commandement, ainsi qu'il a été dit ci-dessus, Article 9.

14.

Quand un détachement sera dans le cas de se mettre à couvert dans un lieu où il trouvera d'autres Troupes établies pour la garde, l'Officier qui le commandera sera aux ordres de celui qui commandera ledit poste, pendant le temps que ledit Commandant du détachement jugera à propos d'y demeurer, quand même le Commandant dudit poste seroit inférieur en grade au Commandant du détachement ; mais le Commandant du poste, ne pourra y retenir le détachement, sous quelque prétexte que ce soit.

15.

Si plusieurs détachemens se rencontrent ensemble dans un lieu fermé, où il n'y aura pas d'autres Troupes établies, le commandement sera réglé entr'eux pour tout le temps qu'ils seront réunis, comme s'ils n'étoient qu'un seul & même détachement, sans néanmoins que le Commandant d'un détachement puisse empêcher l'autre de suivre ses ordres & sa destination.

16.

Les Colonels & autres Officiers de Troupes à cheval

qui feront détachés pour efcorter les convois d'artillerie, fe conformeront à ce qui leur fera demandé par l'Officier d'artillerie chargé du convoi, de quelque grade qu'il foit, pour l'ordre de marche des voitures, la difpofition du parc, & les poftes & fentinelles à placer pour éviter les accidens.

Ils déféreront auffi à ce qui leur fera propofé par l'Officier d'artillerie pour l'heure du départ & les haltes, autant que cela pourra s'accorder avec les nouvelles qu'ils auroient des ennemis, & avec la fûreté & la défenfe du convoi dont le Commandant de l'efcorte fera perfonnellement chargé.

17.

Lorfqu'avec un convoi d'artillerie, il n'y aura point de détachement du Corps royal, ou d'Infanterie, les Troupes à cheval qui ferviront d'efcorte à ce convoi, fourniront un Cavalier d'ordonnance au logis ou à la tente de l'Officier d'artillerie commandant ledit convoi; & fi cet Officier eft Lieutenant-colonel d'artillerie, ou d'un grade fupérieur, il aura de plus une fentinelle.

18.

Tout Officier qui commandera un détachement fortant du camp pour aller aux ennemis, donnera un mot de ralliement à fa Troupe ; & même, s'il en eft befoin, un rendez-vous pour la raffembler, en cas que, par quelque circonftance, elle fe trouvât féparée.

19.

Le Commandant d'un détachement pourra choifir l'Officier qu'il voudra pour commander les petites Troupes qu'il enverra en avant, ou les détachemens particuliers qu'il voudroit envoyer.

20.

Pendant toute la durée du détachement, le Commandant fera refponfable de la difcipline des Troupes

qu'il commandera, & il les tiendra avec autant d'ordre
qu'au camp.

S'il eſt en poſte fixe, il les fera exercer régulièrement.

Le Commandant en chef du détachement ſera chargé
de la diſcipline & tenue de toutes les Troupes qui le
compoſeront, & en ſera perſonnellement reſponſable.

21.

Les détachemens obſerveront en marche, le même
ordre & les mêmes précautions qui ſeront détaillées
ci-après, pour les régimens, au *Titre des Marches*.

22.

Lorſqu'un détachement rentrant à l'Armée, ſe
trouvera à la vue du camp & au-dedans des grandes
gardes, l'Officier qui le commandera, fera faire halte
à ſon avant-garde, & mettre les Troupes en bataille à
meſure qu'elles arriveront, faiſant face au-dehors du
camp.

23.

Lorſque ſon arrière-garde l'aura joint, il fera défiler
devant lui chaque Troupe, & la renverra à ſon camp.

24.

Il examinera, avant de les faire défiler, s'il ne manque
perſonne ; & s'il trouve quelqu'un chargé de maraude,
il le fera conduire au Prévôt.

25.

Après avoir fait l'arrière-garde de tout le détachement,
il ira en rendre compte au Lieutenant général commandant la diviſion dont il aura été détaché, ou au Général
de l'Armée, s'il en a reçu une inſtruction particulière.

26.

Si le détachement eſt chargé d'eſcorter quelque
convoi ou équipages, il ordonnera aux Troupes de

l'efcorte qui auront la tête, de s'arrêter fucceffivement dès qu'elles feront à portée du camp, de fe mettre en bataille ; & après que ce convoi ou équipages feront tous entrés dans le camp, il y fera rentrer fon efcorte.

27.

Les détachemens de chaque régiment ne fe fépareront qu'à la tête de leur régiment ; & il ne fera permis à aucun Cavalier de quitter plutôt fa troupe.

28.

Les Officiers qui auront commandé ces détachemens, en rendront compte au Commandant du régiment, qui les enverra rendre compte perfonnellement au Maréchal-de-camp commandant la brigade, s'il juge que cela foit néceffaire.

29.

Ils informèront auffi le Major de brigade de ce qui s'y fera paffé, pour que, s'il y a lieu, il puiffe en rendre compte au Maréchal-général-des-logis de la Cavalerie.

30.

Lorfqu'il fera fait des prifes par les détachemens commandés par un Officier général ou fupérieur, il en fera ufé, pour la vente ou la répartition du produit des prifes, ainfi qu'il fera dit au Titre 29.

TITRE XIX.

De la Difcipline & Police dans les Armées & dans le Quartier général.

ARTICLE PREMIER.

UN régiment ne montera jamais à cheval, dans les armées fans la permiffion du Commandant de l'armée,

à moins

à moins que ce ne foit pour manœuvrer , ou que cela lui fût ordonné fur-le-champ par un Officier général.

2.

Aucun Officier ne pourra s'abfenter de l'Armée, ni même en découcher, fans la permiffion par écrit du Commandant de la divifion, demandée par les gradations établies.

Si c'eft pour plus de quatre jours, le Commandant de la divifion s'y fera autorifer par le Général de l'Armée, en faifant paffer fa demande par le Maréchal-général-des-Logis de la Cavalerie.

3.

Les Officiers ne pourront de même, fans la permiffion du Général, profiter des congés qu'ils obtiendront, & la demande en fera faite dans la même forme que ci-deffus.

4.

Aucun Officier ne pourra fe fervir, pour des objets étrangers au fervice, des voitures & chevaux du pays, fans y être autorifé, fous peine d'une punition févère.

5.

S'il s'en trouve qui, par des malheurs arrivés à leurs équipages, aient befoin de ce fecours, les Commandans des divifions s'adrefferont au Général de l'Armée, pour le leur procurer, en faifant paffer leur demande par le Maréchal-général-des-logis de la Cavalerie.

6.

A cet effet, il y aura toujours à la fuite du Quartier général, un parc de voitures raffemblées par les ordres de l'Intendant de l'Armée, & auquel fera prépofé un Commiffaire des Guerres, pour en faire le détail.

7.

Le Maréchal - général - des - logis de la Cavalerie

procurera aux Officiers qui en auront befoin , une permiffion par écrit, & limitée , pour prendre audit parc , des charriots, qu'ils payeront à raifon de vingt-cinq fols par jour par chaque cheval, pendant le temps qu'ils les employeront.

Ils feront tenus, en outre , de nourrir les Conducteurs defdits charriots, & de pourvoir à la fubfiftance de leurs chevaux.

8.

Au terme expiré de la permiffion , les Officiers feront tenus de les renvoyer au Parc , & retireront les reçus qu'ils auront donnés au Commiffaire des Guerres, chargé de ce détail ; faute de quoi , fur la plainte des Payfans , ils payeront le prix des chevaux & des charriots.

9.

La chaffe fera généralement défendue à tout ce qui compofera l'armée, tant au camp, que dans les quartiers & cantonnemens. Les Officiers qui feront convaincus d'y avoir été, feront envoyés en prifon pour trois mois ; & les Cavaliers , Valets & Vivandiers feront punis par les Caporaux de la Prévôté.

10.

Il fera pareillement défendu , fous la même peine , de pêcher , de couper des arbres fruitiers ou de décoration, d'arracher les jalons qui marqueront les chemins des colonnes , d'enlever aucune haie , paliffade ou poteau , & de prendre aucun bois neuf ou vieux, façonné.

11.

Il ne pourra être établi dans le camp , ou aux environs, aucuns jeux de hafard , fous quelque nom qu'ils puiffent être défignés , à peine, pour ceux qui donneront à jouer, d'un an de prifon, & de quatre mois pour les Officiers qui auront joué.

12.

Les Officiers de police vifiteront de temps en temps les lieux où les Cavaliers pourroient tenir des jeux dans le voilinage du camp, & ils y enverront des patrouilles pour les arrêter.

13.

Le rapport journalier fera mention de la prife d'un Cavalier, & de la circonftance dans laquelle il aura été pris.

14.

Sa Majefté payera la rançon des Officiers qui feront faits prifonniers de guerre ; mais à l'égard de ceux qui auront été pris dans toute autre circonftance où il y aura de leur faute, les Officiers payeront leur rançon, & feront envoyés en prifon à leur retour, & celles des Cavaliers feront payées par leur Capitaine.

15.

Le Maréchal-général-des-logis de la Cavalerie tiendra un état par régiment & par compagnie, des Officiers de Troupes à cheval, & des Cavaliers qui auront été faits prifonniers de guerre, en fpécifiant les occafions où ils auront été pris, afin d'y avoir recours lorfqu'il s'agira de conftater par qui la rançon devra être payée.

16.

Aucun Officier de Cavalerie ou de Dragons, campé en ligne, ne pourra engager un déferteur venant de l'ennemi, qu'après que le Maréchal-général-des-logis de la Cavalerie lui en aura fait obtenir la permiffion du Général de l'Armée.

17.

Les Officiers de Huffards, Dragons & Chaffeurs qui feront employés aux avant-gardes, pourront engager des déferteurs venant de l'ennemi, après en avoir obtenu la permiſſion du Commandant de l'avant-garde ou du détachement dont ils feront partie.

18.

Les chevaux des déſerteurs ennemis feront conduits, tout équipés, au Général ; &, s'ils font jugés propres au ſervice, ils feront achetés pour le compte de Sa Majeſté, & payés auxdits déſerteurs à raiſon de cent livres par cheval de Cavalier, avec ſa felle & bride, de ſoixante livres par cheval de Dragon, & de cinquante livres par cheval de Huſſard.

19.

Les armes, gibernes, ceinturons & bandoulières des déſerteurs feront remiſes au Prévôt de l'Armée, & par lui au Commandant de l'Artillerie ; il en ſera tenu un état, & il en tirera un reçu : il ſera défendu à toutes perſonnes de les acheter.

20.

Sa Majeſté excepte des articles précédens les régimens de Huſſards, Dragons & Chaſſeurs employés aux Corps avancés, autoriſant les Commandans de ces Corps de garder les chevaux des déſerteurs ennemis, lorſqu'ils mettront pour condition aux engagemens qu'ils contrac-teront, de garder leurs propres chevaux ; &, dans ce cas, ces chevaux ne feront payés auxdits déſerteurs qu'à la fin de la campagne.

21.

Les chevaux qui feront trouvés ſans maître ou ſans conducteur dans le camp ou dans les environs, feront menés chez le Prévôt de l'armée, qui les rendra à qui ils appartiendront.

22.

On reſtituera de même, ſans rien payer, ceux qui, ayant été perdus ou volés, feront réclamés par leurs maîtres, quand même ils auroient été vendus par ceux
qui

qui les auroient volés ou trouvés, devant être défendu à qui que ce puisse être d'acheter des chevaux d'autres que d'un Officier connu.

23.

Personne ne pourra enrôler ni engager le Domestique d'un Officier, sans le congé de son maître, non plus qu'aucun Charretier ou autre homme servant dans les équipages de l'artillerie & des vivres, s'il n'est porteur d'un congé en bonne forme, à peine de nullité de l'engagement, & de perdre ce qui aura été donné au Domestique, &c.

24.

Les Officiers pourront reprendre leurs Valets par-tout où ils les trouveront; & les Valets qui les quitteront sans en avoir fait connoître les raisons aux Commandans des corps, seront punis suivant la rigueur des Ordonnances.

25.

Tout Valet qui, étant sorti de condition, voudra se retirer de l'armée, sera obligé de prendre un congé du Prévôt, qui lui servira de passeport.

26.

Il sera défendu à toutes personnes, d'aller au-devant de ceux qui apporteront des vivres au camp, de leur faire aucun tort ou violence, ni d'en tirer aucune rétribution, à peine aux Cavaliers, Valets, Vivandiers & autres qui contreviendront à ces défenses, d'être envoyés au Prévôt, où ils seront punis par les Caporaux de la Prévôté.

27.

Il leur sera défendu, sous la même peine, de donner aucun empêchement aux moulins, bâtardeaux ou écluses dans les environs du camp.

28.

Qui que ce foit qui fera trouvé chargé de hardes &
d'uftenfiles pris en maraude, fera envoyé au Prévôt, &
jugé comme voleur fuivant la rigueur des Ordonnances.

29.

Les Commandans des régimens ne souffriront point
qu'aucun autre Vivandier que ceux de leur régiment,
s'établiffe dans le terrein qu'il occupera.

30.

On ne fouffrira point à la fuite des corps, des gens
fans aveu ; & s'il s'y en trouve, ils feront envoyés au
Prévôt.

31.

Lorfqu'on enverra au Prévôt un Cavalier, Valet,
Vivandier ou autre, le Major du régiment qui l'enverra,
marquera fur un billet, le fujet pour lequel il y fera
conduit, n'étant permis à aucun Officier particulier d'y
envoyer direƐtement.

32.

Il fera défendu à tous Employés, Vivandiers & autres
gens à la fuite de l'armée, d'être vêtus de bleu ; cette
couleur n'étant permife qu'à ceux qui y feront autorifés
par leur uniforme. Les Valets qui en feront habillés porteront des galons de livrée.

33.

Tous les Commis des Vivres, de la viande, des hôpitaux & des fourrages, feront tenus de porter des cocardes
des couleurs qui leur feront prefcrites par le Général de
l'armée.

34.

La difcipline de l'armée exigeant qu'il y ait une peine
afflictive pour contenir les Valets, Vivandiers & autres

gens qui la fuivent, il fera établi, à la fuite de la Prévôté, des Caporaux pour punir ceux qui manqueront
aux ordres donnés.

3 5.

Le nombre de ces Caporaux fera proportionné à la
force de l'armée ; ils feront vêtus & coeffés uniformé-
ment, & de manière qu'on puiffe les reconnoître & les
voir de loin.

Ils feront auffi tous montés, afin de pouvoir fuivre les
détachemens de la Prévôté les jours de marche & de
fourrage.

3 6.

Tous Valets, Vivandiers & autres fuivant l'armée,
qui feront trouvés en contravention aux ordres établis,
feront conduits au Prévôt, & punis au milieu du quartier-général, par les fufdits Caporaux.

3 7.

Aucun détachement de la Prévôté ne pourra faire
punir fur le champ les contrevenans, à moins qu'il ne
lui en foit donné ordre par un Officier - général fupérieur, ou de l'Etat-major de la Cavalerie ; fans cela, il
fera tenu de les mener au Prévôt-général, pour que
celui-ci puiffe ordonner de leur punition.

3 8.

Tout Cavalier contrevenant à la difcipline de l'armée
& faifant du défordre, devant expier publiquemert fon
délit, fera puni par les Caporaux de la Prévôté à la tête de
fon régiment, fuivant l'ordre qu'en donnera le Maréchal-
général-des-logis de la Cavalerie, d'après le compte qui lui
en aura été rendu par l'Officier de la garde qui l'aura
arrêté, ou par le Prévôt, s'il a été pris par un détachement de la Prévôté.

3 9.

Lorfque des Soldats, Cavaliers, Dragons ou Valets

auront été arrêtés contrevenans aux ordres , par des gardes , autres que celles de leurs régimens , ou par des détachemens de la Prévôté , il sera payé par les Chefs de l'escadron ou par les Officiers à qui les Valets appartiendront , six livres par chaque homme qui sera puni par les Caporaux de la Prévôté.

Mais quand ce seront les gardes du même régiment qui les auront arrêtés , & qu'ils auront été envoyés au Prévôt par le Major , il ne sera rien payé ; & le Soldat , Cavalier , Dragon ou Valet , sera seulement puni ainsi qu'il a été dit ci-dessus.

40.

Lorsque les régimens auront besoin de Caporaux de la Prévôté , pour la punition de leurs Cavaliers , ils les enverront chercher chez le Prévôt par une escorte , & les feront ramener de même.

TITRE XX.

De la Prévôté.

ARTICLE PREMIER.

LE Prévôt de l'armée & les détachemens à ses ordres veilleront à la police & au bon ordre.

2.

Il sera aux ordres du Major-général , & il aura sous lui toute inspection & autorité sur les Vivandiers , Marchands & autres à la suite du quartier-général. Aucun ne pourra suivre l'armée sans sa permission , & sans être inscrit & numéroté chez lui.

3.

Avant que l'armée entre en campagne , il veillera à ce qu'il y ait à la suite du quartier-général un nombre
suffisant

ſuffiſant de Vivandiers , Bouchers , Boulangers , Marchands de vin , Armuriers & Artiſans de toute eſpèce ,
& il leur donnera toute protection & ſûreté néceſſaires.

4.

Il éloignera de l'armée tous gens ſans aveu , ſuſpects
ou inutiles, devant être informé par ſes Cavaliers ou
autres qu'il propoſera à cet effet, de l'état, métier ou
profeſſion de tout ce qui eſt à la ſuite de l'armée.

5.

Il fera , avant d'entrer en campagne , la revue de tous
les équipages des Vivandiers , ayant ſpécialement ſoin
qu'ils n'ayent que des voitures à quatre roues, attelées
de quatre bons chevaux , ou des chevaux de bâts.

Il fera numéroter toutes les voitures, & écrire en
outre deſſus, en gros caractères, le nom des Vivandiers
auxquels elles appartiendront.

6.

Il en donnera un état ſigné de lui au Vaguemeſtre
général de l'armée, afin que ſur cet état , il puiſſe leur
être donné le fourrage néceſſaire, & leur faire prendre
leur rang dans les marches, & pour qu'il puiſſe connoître
& faire arrêter tous les Vivandiers & leurs voitures qui
n'auroient pas été inſcrits chez le Prévôt.

7.

Il tiendra un contrôle exact de tous les Vivandiers ,
Marchands & autres à qui il aura permis de ſuivre
l'armée. Sur ce contrôle ſeront marqués leurs noms ,
leurs numéros , leur profeſſion ou commerce , le nombre
de leurs Domeſtiques & celui de leurs chevaux &
voitures.

8.

Il veillera à ce que les Vivandiers & les Marchands
de vin ne vendent aucuns vins ni eau-de-vie , de mau-

vaife qualité, & qu'ils foient toujours pourvus de vinaigre pour en fournir aux troupes. Le prix de ce vinaigre fera taxé au commencement de la campagne, & ne variera plus jufqu'à la fin.

9.

Lorfqu'il y aura des corps ou réferves détachés de l'armée, le Prévôt y enverra le nombre de Vivandiers qui lui fera prefcrit par le Major-général ou par le Maréchal-général-des-logis de la Cavalerie ; & à cet effet ils feront tous commandés, chacun à leur tour, pour y marcher.

10.

Le Prévôt de l'armée fournira tous les détachemens qui lui feront commandés par le Major-général & le Maréchal-général-des-logis de la Cavalerie, pour marcher avec les colonnes des troupes, des équipages & des fourrageurs.

11.

Il fera faire de fréquentes patrouilles dans l'arrondiffement du camp, pour veiller au bon ordre & empêcher la maraude.

12.

Les Commandans des corps, les gardes du Quartier-général, & tous les poftes de l'armée prêteront main-forte aux détachemens de la Prévôté, lorfqu'ils en feront requis.

13.

Lorfque pour affurer de plus en plus la police dans l'armée, il fera ordonné des amendes pour les contre-venans, le Prévôt en tiendra un regiftre exact, & en rendra compte tous les mois au Major-général, pour qu'il foit fait de ces fonds l'ufage que le Général jugera à propos d'ordonner

14.

Le grand nombre de prifonniers détenus à la Prévôté,

étant à charge à l'armée pour les gardes qu'il exige ; tous Cavaliers, Soldats, Valets, Vivandiers & autres qui y feront conduits, feront punis fur le champ, s'ils le méritent, finon, renvoyés d'après l'ordre qu'en donnera le Major-général, ou le Maréchal-général-des-logis de la Cavalerie, fur le compte qui lui en aura été rendu par le Prévôt.

15.

Il ne reftera aux prifons de la Prévôté que les criminels à juger pour des cas Prévôtaux, & même fi leur procédure traîne en longueur, les fufdits criminels feront renvoyés dans les prifons des places fur les derrières de l'armée.

16,

Le Lieutenant de Roi du Quartier-général fera chargé de vérifier fi les Cavaliers font conduits en règle au Quartier-général, & ramenés de même au camp ; & il rendra compte au Maréchal-général-des-logis de la Cavalerie, des régimens qui auront manqué fur cet objet à l'ordre prefcrit.

17.

Pour maintenir plus parfaitement le bon ordre & la police dans le Quartier-général, chaque brigade y enverra tous les matins un Maréchal-des-logis qui y fera aux ordres du Major du Quartier-général.

18.

Ces Maréchaux-des-logis arrêteront les Cavaliers de leurs brigades qui ne fe feront pas trouvés au rendez-vous qui leur auront été donnés par leurs Officiers, ils prendront leurs noms, & en rendront compte chaque foir, en rentrant au camp, aux Majors de leurs régimens, afin qu'ils foient punis.

19.

Il fera, de plus, donné ordre à tous les poftes du Quartier-général, d'arrêter tous les Soldats, Cavaliers

ou Dragons qui s'y trouveront après les heures prescrites ;
ils seront conduits à la garde de la place, & il en sera
rendu compte au Major-général ou au Maréchal-général-
des-logis de la Cavalerie, suivant le corps dont ils seront,
pour qu'ils ordonnent de la punition.

20.

Il y aura journellement au Quartier-général une garde
de police à cheval, tirée de la Cavalerie de la ligne.
Cette garde sera d'un Lieutenant, d'un Maréchal-de-
logis, 4 ou 5 escouades & un Trompette, & elle sera
spécialement chargée de prêter main-forte au Prévôt de
l'armée, & de lui fournir les escortes dont il aura besoin.

21.

Cette garde ne montera à cheval pour personne, sans
un ordre du Général, qui lui prescrira ce qu'elle aura
à faire.

Son Maréchal-des-logis ira prendre l'ordre chez le
Lieutenant de Roi, ou Major du Quartier-général.

TITRE XXI.

Des équipages des Officiers-généraux, des Vague-mestres généraux & particuliers, & de la police des tables.

ARTICLE PREMIER.

LES seuls Officiers-généraux & les chefs des Etats-
majors pourront avoir dans les armées une berline &
un charriot, attelés au moins de quatre bons chevaux.

2.

Ils ne pourront avoir à la suite de leurs équipages,
aucuns

aucuns charriots de Boulangers, de Vivandiers ou de
Bouchers, à moins qu'ils ne commandent des corps
féparés; en ce cas il leur fera accordé par le Général
les permiffions relatives à leurs befoins.

3.

L'équipage d'un Lieutenant-général ne pourra pas excé-
der le nombre de trente chevaux ou mulets, & celui des
Maréchaux-de-camps, vingt; dans le nombre feront compris les attelages des voitures qui leur font ci-deffus permifes.

Les Aydes-de-camp fixés, ou Officiers-généraux ne
pourront avoir plus de cinq chevaux chacun.

4.

Il fera permis aux Aydes des Etats-majors généraux
& aux Commiffaires des guerres, des cabriolets à deux
roues & des calèches de pofte à l'allemande.

5.

Les Vivandiers, Marchands, Fourniffeurs, Ouvriers
ou autres, non attachés à des régimens, & à la fuite de
l'armée ou du Quartier-général, ne pourront avoir que
des charriots à quatre roues & à timon, tirés par deux
ou quatre chevaux, attelés de deux en deux.

6.

Dans le pays où l'ufage des voitures ou charriots ne
pourra pas avoir lieu, & même fera moins avantageux
que celui des mulets & chevaux de bât, le Général de
l'armée fera à cet égard les réglemens qu'il jugera
convenables.

7.

Toutes autres voitures à deux roues, quelque nom
qu'on puiffe leur donner, feront généralement défendues
dans les armées.

8.

Tous les chevaux de voiture, généralement, foit de

l'artillerie , des vivres, des Vivandiers ou des équipages, feront cramponnés devant & derrière pendant
toute la campagne. Le Commandant de l'artillerie, le
Munitionnaire, le Général des vivres, les Commandans
des corps & le Prévôt, feront refponfables, chacun
dans leur partie, de l'exécution de cet ordre

9.

Toutes les voitures quelconques feront marquées du
nom du maître à qui elles appartiennent & de celui du
régiment ; & celles des Vivandiers du Quartier-général,
du nom des Vivandiers, Marchands, Ouvriers &c.
& du numéro qui leur aura été donné par le Prévôt
lorfqu'ils s'y feront fait enregiftrer.

10.

Dans les armées & dans les camps de paix, les
tables des Officiers-généraux & Supérieurs feront affu-
jetties à la règle prefcrite par les Ordonnances d'orga-
nifation de l'armée, & de la police & difcipline intérieure
des régimens, & Sa Majefté en rend les Généraux d'armée
refponfables. A l'égard de ceux-ci, elle ne leur prefcrit
rien pour ce qui les concerne, mais elle exige d'eux qu'ils
donnent dans tout ce qui a rapport à leur maifon, à leur
table & à leurs équipages, l'exemple de la fimplicité.

Toute vaiffelle d'argent fera défendue à la guerre, à
l'exception des couverts & cuilleres à ragoût.

Les haltes feront permifes, mais il n'y fera fervi que
de groffes viandes froides.

11.

Le Maréchal-général-des-logis de l'armée propofera
au Général un Officier, pris parmi les Officiers de for-
tune les plus intelligens & les plus actifs des régimens fer-
vant à l'armée, pour faire les fonctions de Vaguemeftre
général.

Cette place lui donnera le rang & l'autorité de Capitaine.

Il aura fous lui, felon la force de l'armée, deux Aides Vaguemeftres, qui feront tirés des Maréchaux-des-logis ou Sergens.

Cet Officier fera remplacé dans le régiment d'où il aura été tiré, & aura, au moyen de la commiffion du Capitaine, le commandement fur tous les Lieutenans ou Sous-lieutenans commandant les efcortes de police des équipages des brigades.

1 2.

Tous les Vaguemeftres des brigades & des régimens viendront fe faire infcrire chez le Vaguemeftre général, le jour de leur arrivée au premier camp ; il en dreffera un contrôle, & ce fera fur fes certificats, vifés du Maréchal-général-des-logis de l'armée qu'ils feront payés ; favoir, les Vaguemeftres des brigades, à raifon de trois livres, & ceux des régimens, de vingt fous par jour de marche.

1 3.

Lorfque l'on enverra les équipages fur les derrières, tous les Vaguemeftres des brigades recevront tous les jours les ordres du Vaguemeftre général, pour le rang qu'ils devront occuper dans leurs marches pour les rendez-vous où ils devront s'affembler, & l'heure du départ, & ils le donneront aux Vaguemeftres des régimens de leur brigade.

1 4.

Hors ce cas, le Vaguemeftre fera feulement chargé de la conduite des équipages du Quartier général & des Vivandiers qui y feront attachés. Le Maréchal-général-des-logis de l'armée lui fera remettre les jours de marche, l'ordre dans lequel ils devront marcher, & le lieu où ils s'affembleront. Il aura foin d'en inftruire les domeftiques des Officiers généraux & autres attachés au Quartier général, & d'en faire part au Prévôt de l'armée, pour qu'il y faffe trouver les Vivandiers.

1 5.

Le Vaguemeſtre général ſe rendra au rendez-vous avant l'heure où les équipages devront s'y aſſembler ; & à meſure qu'ils y arriveront, il les fera placer chacun dans le rang marqué ci-après.

> Les menus équipages du Général , des Princes du Sang & Légitimés de France ſuivront leur rang.

> De l'Intendant.

> Du Tréſorier.

> Du Maréchal-général-des-logis de l'armée.

> Du Major général.

> Du Maréchal-général-des-logis de la Cavalerie.

> Des Officiers généraux attachés au Quartier général.

> Du Munitionnaire général des vivres, & de l'Entrepreneur ou Régiſſeur général de la viande.

> Des Aides des trois Etats—majors , ſuivant l'ordre marqué ci-deſſus pour leurs Chefs.

> Des Commiſſaires des guerres.

> Des Vivandiers qui n'auront que des chevaux de bât.

16.

Les gros équipages marcheront à la ſuite des menus & dans le même ordre, excepté que les voitures du tréſor de l'armée , & celles du tréſor des vivres en auront la tête , & précéderont celles du Général de l'armée , qui ſeront ſuivies des voitures de la Poſte.

Les charriots du pays, charrgés de fourrages ,& attachés à l'Intendance , marcheront après les charriots des Vi-vandiers.

L'Hôpital ambulant recevra tous les jours de marche, un ordre particulier pour la colonne où il devra marcher, & le rang qu'il devra y tenir.

17.

La garde de Cavalerie du Quartier général marchera avec le Tréſor , & donnera main-forte au Vaguemeſtre
général,

général, ou à ses Aides, pour maintenir la police &
l'ordre dans la marche.

19.

Nul Officier de troupe à cheval, de quelque grade qu'il
soit, ne donnera aucune escorte armée à son équipage ;
s'il y étoit contrevenu, le Major du régiment dont sera
l'escorte, en rendra compte au Major général, & le
Vaguemestre général au Maréchal-général-des-logis de
l'armée, qui seront tenus l'un & l'autre d'en instruire le
Général.

20.

Les Officiers généraux garderont, avec leurs équipages,
leurs anciennes gardes telles qu'elles sont fixées au Titre
des honneurs militaires.

Ces gardes à leur arrivée au logement des Officiers
généraux, enverront une ordonnance au camp, pour
chercher les nouvelles gardes qui doivent les relever.

21.

Toutes les gardes d'Officiers généraux seront, pendant
la marche, aux ordres du Vaguemestre général, pour tout
ce qui a rapport à la police & à l'ordre des équipages, &
à ceux du Commandant de l'escorte, pour toutes les dispositions militaires, s'il y avoit lieu.

22.

Le Vaguemestre général conduira les équipages pendant
la marche, leur faisant suivre exactement les guides qui
leur seront donnés, & empêchant qu'ils ne les devancent.

23.

Il fera arrêter les Valets, Vivandiers, &c. qui voudroient
passer devant leur rang.

24.

Le Vaguemestre général fera arrêter toutes les voitures

appartenantes à des perſonnes auxquelles elles ne ſont point permiſes ; toutes celles excédant le nombre permis, ou d'une eſpèce différente ; tous les charriots des payſans, lorſqu'il n'y aura pas une permiſſion par écrit de s'en ſervir, donnée par l'Intendant, ſi c'eſt à des perſonnes attachées au quartier général, ou par le Major général, ou le Maréchal général des logis de la Cavalerie, ſi elles ſont de ces corps ; & enfin tous les Vivandiers ſans numéro, & qui n'auront point été enregiſtrés par le Prévôt.

25.

Il fera conduire ces voitures, en arrivant au quartier général, par la garde de Cavalerie, chez le Prévôt, qui, après avoir pris les ordres du Major général, les fera vendre, & en diſtribuera l'argent aux Cavaliers de cette garde & à ceux de la Prévôté.

26.

Il veillera à ce que chaque Vaguemeſtre particulier faſſe ſon devoir, & à ce que les ordres donnés ſoient ponĉtuellement exécutés.

27.

Les Valets ſe tiendront, dans les marches, à l'équipage de leurs Maîtres, & les Vivandiers dans le rang de leur numéro, ſans s'écarter ni à droite ni à gauche.

28.

Les équipages du quartier général, qui ſeront arrêtés pour quelque cauſe que ce ſoit, ne pourront reprendre la file qu'à la ſuite de tous ceux des Officiers du même grade que leurs maîtres, & les Vivandiers à la ſuite de tous les Vivandiers du quartier général.

29.

A l'égard des équipages des troupes, ceux qui ſe ſeront arrêtés ne pourront reprendre la file qu'à la queue des équipages de leurs bataillons, de leurs eſcadrons, de leurs régimens ou de leurs brigades, & si ceux de leurs brigades étoient passés avant qu'ils fussent en état de marcher, ils seront obligés d'attendre que tous les équipages de la colonne aient défilé pour en prendre la queue.

30.

Aucun Charretier ni Conducteur de bagages ne coupera ni devancera celui qui le précèdera, à moins que celui-ci ne puisse pas suivre la colonne.

31.

Le Vaguemestre général & les Vaguemestres des régimens & des brigades, feront arrêter tous les Valets & Vivandiers qui contreviendront à ce qui est prescrit dans les quatre articles ci-dessus, & ils les feront conduire au Major général s'ils sont du quartier général, ou au Major de leur brigade ou régiment, pour être punis par leurs ordres, par les Caporaux de la Prévôté.

32.

Les jours que l'armée décampera, les Vaguemestres des brigades recevront l'ordre pour la marche, des Majors de leurs brigades, & ils le donneront ensuite aux Vaguemestres des régimens, qui le donneront aux Valets des Officiers.

33.

Les Vaguemestres des régimens, en feront charger & atteler les équipages à l'heure marquée, & ils les conduiront au rendez-vous indiqué.

34.

Ils ne souffriront point qu'aucun bagage se mette en marche, que le Vaguemestre de la brigade ne soit venu l'ordonner, & ils feront arrêter tout Conducteur d'équipages, qui sera parti avant l'heure prescrite.

35.

Le Vaguemeſtre de la première brigade de la diviſion ou de l'aile, y fera les fonctions de Vaguemeſtre général; & il fera marcher les équipages de chaque brigade, ſuivant l'ordre qu'elles y tiendront, les faiſant précéder par ceux des Officiers généraux qui y ſeront attachés.

36.

Les Vaguemeſtres des brigades feront mettre en marche les équipages de chaque régiment, ſuivant le rang que ledit régiment tiendra dans la brigade; l'équipage du Commandant de la brigade marchera à la tête.

37.

Il en ſera uſé de même par les Vaguemeſtres des régimens, pour les équipages des bataillons ou des eſcadrons qui les compoſent; les équipages des Colonels marcheront à la tête de ceux de leur régiment.

38.

Les menus équipages précèderont toujours les gros, ainſi qu'il a été expliqué précédemment pour ceux du quartier général, *article 12.*

39.

Les Vaguemeſtres des brigades & des régimens, obſerveront chacun, pour la conduite & police des équipages dont ils ſeront chargés, ce qui eſt preſcrit ci-deſſus pour le Vaguemeſtre général.

TITRE XXII.

De l'arrivée & du ſervice des Gardes dans leurs poſtes, des Vedettes & des Sentinelles.

ARTICLE PREMIER.

LES Officiers des détachemens ou grande-gardes, en feront l'inſpection avant de partir du camp.

Le

Le Cavalier d'ordonnance, qui conduira la garde, marchera devant elle.

2.

Lorſque la nouvelle garde approchera du poſte qu'elle devra relever, la vieille garde montera à cheval ; & après avoir reconnu la nouvelle, elle la laiſſera avancer & ſe placer à ſa droite ; les deux gardes auront le ſabre à la main & les deux Trompettes ſonneront la marche.

3.

Les conſignes des grand-gardes, ſeront données par écrit, par les Officiers généraux & ſupérieurs, qui placeront les gardes, le Commandant de la nouvelle garde recevra la conſigne du Commandant de la vieille & lui en donnera ſon reçu.

4.

Les Commandans des deux gardes venant relever les védettes & le petit poſte.

5.

Le Commandant de la nouvelle garde enverra un Cavalier d'ordonnance avec la vieille garde, chez le Major de ſon régiment ; le Cavalier lui rapportera les ordres qui pourroient ſurvenir, & conduira le lendemain la garde qui devra le relever.

6.

Tout Commandant de grand-garde ſera le maître de changer les védettes, s'il les trouve mal placées, obſervant, autant qu'il ſera poſſible, de les poſter dans des endroits d'où elles puiſſent découvrir de loin, & de les placer toujours doublées, lorſqu'elles ſeront à portée de l'Ennemi, ou éloignés du petit corps-de-garde.

7.

Le Commandant de la grand-garde, ſera habituellement

mettre pied à terre à une partie de sa garde, pour faire manger les chevaux, de manière qu'il y en ait cependant toujours un quart à cheval, non compris le petit corps-de-garde.

8.

Le petit corps-de-garde sera habituellement d'un Brigadier ou Appointé & quatre hommes, il restera toujours à cheval, & sera posté intermédiairement entre la grand-garde & les védettes.

9.

Avant de faire mettre pied à terre à une partie de sa troupe, le Commandant de la brigade fera fouiller les bois, les haies, censes ou villages qui seroient à portée de son poste, & quand même le pays paroîtroit découvert, autour de lui, il enverroit des patrouilles pour examiner s'il n'y auroit point de ravins ou chemins, creux à portée de sa garde; &, dans ce cas, il auroit soin de les faire éclairer souvent pendant la journée.

10.

Il aura soin d'entretenir une communication par des patrouilles, avec les gardes voisines, soit de Cavalerie ou d'Infanterie, afin que rien ne puisse passer entr'elles & lui, sans être vu.

Les Commandans de ces gardes s'avertiront réciproquement de ce qu'elles pourroient voir ou apprendre.

11.

Le Commandant de la garde, visitera souvent les védettes, pour s'assurer de leur vigilance & pour juger si toutes les avenues de son poste sont bien gardées.

12.

Il fera reconnoître pendant le jour, les chemins que les patrouilles auront à tenir pendant la nuit; & fera faire ces reconnoiſſances par ceux mêmes qu'il deſtinera à faire ces patrouilles.

13.

Vers le ſoir, il expliquera aux Officiers & bas-Officiers qui ſeront avec lui, la manière dont ils devront faire leurs rondes & patrouilles dans la nuit; mais les heures n'en ſeront jamais réglées, & il les fera partir quand il le jugera à propos.

14.

Au coucher du ſoleil, le Commandant de la garde la fera monter à cheval, fera retirer ſes védettes & ſe retirera au poſte de nuit, ſon petit corps-de-garde faiſant ſon arrière-garde.

En faiſant cette retraite, il fera deux haltes; il obſervera de ſe retirer en même temps que les gardes qui ſeront à ſa droite & à ſa gauche.

15.

La garde ordinaire étant arrivée au poſte de nuit, le Commandant enverra à l'abreuvoir. On fera boire ordinairement les chevaux de la garde, avant d'aller prendre le poſte du jour; le ſoir, après être revenu au poſte de nuit, & au milieu de la journée, dans les grandes chaleurs; mais lorſque la proximité de l'Ennemi obligera à de plus grandes précautions, on n'ira point pendant la journée.

16.

Quand on ira à l'abreuvoir, le Commandant de la garde la fera monter toute entière à cheval; & y enverra ſucceſſivement le quart de la troupe, conduit par un Officier ou bas-Officier.

17.

On aura le ſoir attention d'envoyer, le premier à

l'abreuvoir, le quart de rang qui devra relever le petit corps de garde.

18.

Après que tous les chevaux de la garde feront revenus de l'abreuvoir, & que le petit corps-de-garde, les védettes & fentinelles auront été placées, fi la pofition le permet, le Commandant de la garde lui fera mettre le pied à terre, & il en fera l'appel; mais il fera refter toujours, non compris le petit corps-de-garde, qui fera à cheval, un quart de rang bridé, dont les Cavaliers tiendront les chevaux par la bride.

Les védettes feront toujours doublées pendant la nuit, & elles feront placées affez près l'une de l'autre, pour qu'il ne puiffe paffer perfonne entr'elles fans être entendu.

19.

Le Commandant de la garde donnera enfuite à fes Officiers & bas-Officiers le mot de l'ordre & du ralliement, qui lui aura été envoyé cacheté par le Major de fon régiment.

20.

Il veillera à ce que les Cavaliers fe tiennent toute la nuit autour des feux vis-à-vis leurs poftes, & fans dormir.

21.

Il fera faire pendant la nuit, en avant de fon pofte, des patrouilles plus ou moins fréquentes, fuivant les circonftances.

22.

Celui qui fera chargé de faire la patrouille, prendra avec lui deux Cavaliers, à fon choix, & partira après avoir reçu fes ordres.

23.

Il obfervera de marcher avec le moindre bruit qu'il
fera

fera poſſible, & de faire halte de temps en temps,
pour écouter.

24.

Quelque rencontre qu'il faſſe, il ne tirera jamais,
que lorſqu'étant coupé, il ne pourra retourner à ſon
poſte pour l'avertir.

25.

Sa tournée étant finie, il s'arrêtera lorſque la vedette
du poſte lui aura crié, *halte-là*, & il attendra qu'un
brigadier eſcorté de deux Cavaliers vienne le reconnoître
& recevoir de lui le mot de ralliement, ainſi qu'il ſera
preſcrit ci-après.

26.

Dès qu'il aura été reconnu, on le laiſſera entrer dans
le poſte avec ſes Cavaliers, & il rendra compte au
Commandant de ce qu'il aura vu & entendu.

27.

Il rendra pareillement compte de la vigilance des
vedettes & ſentinelles : les Commandans des patrouilles
qui ſe feront écartés de leur poſte ou du chemin qu'ils
doivent tenir, feront ſévèrement punis.

28.

Dans les poſtes expoſés, où il ſeroit à craindre que
le cri des vedettes & ſentinelles ne les fît découvrir, on
leur donnera, de même qu'à ceux qui feront les patrouilles, un ſignal muet dont on ſera convenu.

29.

Avant le point du jour, toute la garde montera à
cheval, & lorſqu'il fera bien jour, on détachera du
quart de rang, qui devra être placé au poſte de jour,
un petit corps-de-garde, un Maréchal-des-logis avec
ſix Cavaliers par la droite, & un Brigadier avec le même
nombre par la gauche, pour aller faire la découverte

Cavalerie.   D d

dans tous les endroits que le Commandant leur aura marqués, & ils visiteront tous les lieux autour & circonvoisins du poste, que la garde ordinaire devra aller reprendre où l'ennemi auroit pu s'embusquer.

Ils placeront de distance en distance ces Cavaliers ou vedettes, dans le terrein qu'ils parcoureront.

Lorsque les deux bas-Officiers se seront rejoints, le Maréchal - des - logis restera avec la vedette la plus avancée & le Brigadier viendra rendre compte au Commandant de la garde.

Les jours de brouillard, la découverte demandera encore plus de précautions de la part des bas - Officiers.

30.

La découverte étant faite, & le brouillard dissipé, de manière qu'on puisse voir autour de soi, le Commandant de la garde y ayant fait rentrer le petit corps de garde & les vedettes du poste de la nuit, marchera pour reprendre son poste de jour ; & s'il y a une garde d'Infanterie dans le cas d'aller se placer auprès du sien, elles observeront d'y marcher ensemble, pour se protéger mutuellement.

31.

Lorsque la garde sera arrivée à son poste de jour, le Commandant se portera, avec le Brigadier qui aura fait la découverte, à la vedette la plus avancée où sera resté le Maréchal - des - logis ; & après avoir vu par lui - même la vérité du rapport qui lui aura été fait, il enverra les deux bas - Officiers retirer les védettes qu'ils avoient placées ; il en fournira le petit corps de garde, fera partir les védettes de jour, & donnera au Maréchal-des-logis, les consignes qu'il jugera nécessaires.

32.

Tout cela étant exécuté, le Commandant reviendra à sa garde, & suivant les circonstances en fera mettre

une partie pied à terre, ainsi qu'il a été expliqué ci-
deffus, Article 7.

33.

Dès que les vedettes appercevront une troupe de
quatre ou cinq perfonnes qui viendra de leur côté, ils
la feront arrêter en criant, *halte-là*, avertiffant le petit
corps de garde, fi cette troupe vient du côté de l'ennemi ; ou la garde, fi c'eft par le côté du camp, ou par
les flancs, en criant : *Brigadier, venez reconnoître*.

34.

Auffi-tôt le Commandant du petit corps de garde,
ou celui de la garde, enverront deux Cavaliers au galop,
le moufqueton haut, à trente pas en avant de la vedette
qui aura averti pour reconnoître la troupe, & la garde
montera en même-tems à cheval.

Lorfque les deux Cavaliers feront à portée d'être
entendus, ils crieront, *qui vive* ; & après qu'il
leur aura été répondu *France*, ils demanderont *quel
régiment*.

Si c'eft un Officier général, il repondra le nom de
fon grade, en ajoutant, *de jour*, s'il en eft.

35.

Les Cavaliers ayant reconnu la troupe par les réponfes
qui leur auront été faites, un des deux ira rendre compte
au Commandant de la garde ; & lorfque le Commandant
lui aura envoyé dire de laiffer approcher ou paffer, il
retournera à fon pofte, après avoir averti ceux qu'il
aura arrêtés qu'ils peuvent avancer, en criant *avancez*
ou *paffez*.

36.

Le Commandant du pofte fera refter fa garde en état,
jufqu'à ce que la Troupe foit paffée & hors de fa vue ;
& fi ce font les Officiers généraux ou fupérieurs de jour,
il leur fera rendre les honneurs qui leur font dus, ainfi
qu'il fera dit au Titre des honneurs militaires.

37.

Les honneurs rendus par les différentes fonneries de trompettes, cefferont à la retraite, & ne recommenceront qu'à l'heure marquée pour battre la garde.

38.

Lorfque les Officiers généraux & fupérieurs de jour vifiteront les gardes la nuit, ils feront reçus par elles de la manière fuivante.

39.

Lorfqu'un Officier général ou fupérieur fe préfentera à un pofte, fuivi de trois ou quatre perfonnes, la fentinelle ou vedette l'arrêtera, en criant, *halte - là, Brigadier, venez reconnoître* : alors le Brigadier s'avancera avec deux Cavaliers jufqu'à la fentinelle, d'où il criera, *qui vive* ; & après que le grade lui aura été indiqué, le Brigadier s'avancera le piftolet à la main jufqu'à la védette, fuivi de deux Cavaliers le moufqueton haut, le Brigadier criera, *avance qui a l'ordre*, afin de recevoir le mot de l'Officier général ou fupérieur. Ayant reçu le mot & reconnu celui qui le lui aura donné, il enverra un Cavalier en rendre compte à l'Officier commandant la grande garde, qui aura fait monter la Troupe à cheval, & fait mettre le fabre à la main.

L'Officier s'avancera enfuite à fix pas en avant de la védette, efcorté des deux Cavaliers & du Brigadier, le moufqueton haut, & donnera le mot à l'Officier général ou fupérieur, & il ira enfuite fe mettre à la tête de fa Troupe pour recevoir fes ordres.

40.

Le Maréchal-des-logis de la Cavalerie, aura le droit de vifiter les grandes gardes, dont les Commandans exécuteront ce qu'il leur commandera de la part du Général de l'Armée ou de celui de la Cavalerie, & il fera reçu par les gardes, comme s'il étoit de jour dans fon grade.

41.

41.

Si pendant la nuit, il se présente une Troupe devant un poste pour entrer au camp, l'Officier qui la commandera sera obligé de venir avec le bas - Officier qui aura été le reconnoître, trouver le Commandant du poste, & celui-ci la fera rester à l'écart, & ne la laissera entrer que quand il sera jour, à moins d'un ordre par écrit du Général, du Maréchal-général-des-logis de la Cavalerie, ou des Officiers généraux de jour.

42.

Les Commandans des gardes, permettront néanmoins à l'Officier qui commandera cette Troupe, s'il a des nouvelles pressées à donner au Général, d'aller chez lui ou d'y envoyer.

43.

Les étrangers qui se présenteront au camp, & qui mériteront attention, feront conduits au Maréchal-général - des - logis de la Cavalerie.

44.

Les gardes ne laisseront jamais arriver jusqu'à leur poste les Tambours ou Trompettes venant des ennemis ; les Vedettes les feront arrêter aussi-tôt qu'elles les apper-cevront, avertiront sur le champ le Commandant de la garde.

45.

Celui-ci enverra son Lieutenant ou son Maréchal-des-logis recevoir les paquets dont les Tambours ou Trom-pettes pourroient être chargés, leur en donnera un reçu & les fera repartir sur le champ, pour retourner à leur armée, sans permettre qu'ils s'arrêtent à portée du poste.

Il enverra ensuite les paquets au Général de l'armée.

S'il est important de cacher la situation ou les environs

du poſte à l'ennemi, le Commandant fera bander les yeux à tout envoyé venant de l'ennemi.

46.

Lorſqu'un Tambour ou Trompette ennemi entrera dans le camp, ſans avoir été arrêté par les grand-gardes, le Commandant du poſte où il aura paſſé, ſera envoyé en priſon.

47.

A l'égard des déſerteurs, on commence par les déſarmer; ſi le logement du Maréchal-général-des-logis de la Cavalerie étoit trop éloigné, ou qu'il n'y eût pas de ſûreté à les y conduire, on les fera garder à vue. S'ils arrivent en grand nombre, on ne les laiſſera pas approcher; mais on les fera demeurer à quelque diſtance de la garde, qui les menera avec elle au camp en deſcendant la garde.

On déſarmera les déſerteurs & on ne leur laiſſera vendre ni leurs chevaux, ni aucune partie de leur équipement, juſqu'à ce qu'ils ayent été conduits au Maréchal-général-des-logis de la Cavalerie, ſi c'eſt à l'armée, ou au Commandant du corps avancé, ſi c'eſt en avant de la ligne.

48.

Les grand-gardes qui ſeront en avant & ſur les flancs du camp, n'en laiſſeront ſortir aucun Soldat, Cavalier ou Dragon; elles arrêteront ceux qui tenteroient de paſſer au-delà, les enverront au Prévôt & en donneront avis en même temps au Maréchal-général-des-logis de la Cavalerie.

49.

Les gardes poſtées ſur les derrières du camp, obſerveront la même choſe, à l'exception qu'elles laiſſeront paſſer les Soldats, Cavaliers ou Dragons qui auront des congés en la forme preſcrite par les Ordonnances.

50.

Elles ne cauferont ni les unes ni les autres aucun trouble ni empêchement aux allans & venans pour le commerce & la fubfiftance du camp ; mais au contraire, elles leur procureront toute la liberté & fûreté néceffaire, ainfi qu'à ceux qui apporteront des vivres & denrées.

51.

Les Officiers & bas-Officiers refteront affidument à leurs poftes pendant tout le temps de leur garde, & ils contiendront exactement les Cavaliers, de manière que nul ne s'en écarte, fous tel prétexte que ce foit.

52.

Toute garde poftée pour la fûreté de l'armée, ne changera jamais la pofition de fon pofte, & ne le quittera qu'après avoir été relevée par une autre, ou par un ordre par écrit, foit du Général, du Maréchal-général-des-logis de la Cavalerie ou du Major de brigade, à moins qu'un Officier-général ou fupérieur de jour, ne vienne la déplacer ou la retirer, & qu'elle foit attaquée par une force fupérieure.

53.

Le Commandant d'une garde, ne pourra refufer de fe laiffer relever par une autre garde, fous prétexte qu'elle feroit moins nombreufe que la fienne, ou commandée par un Officier d'un grade inférieur au fien ; mais s'il arrivoit qu'une troupe fe préfentât à une garde pour la relever, fans avoir été annoncée à l'ordre, & fans que celui qui la commande fût porteur d'un ordre figné du Général, de l'Etat-major-général de la Cavalerie ou du Major de la divifion ; l'ancienne garde reftera à fon pofte, faifant tenir l'autre à quelque diftance d'elle, jufqu'à ce que l'ordre de fe laiffer relever lui foit arrivé.

54.

Quand il y aura des consignes particulières ou de nouveaux ordres à donner aux postes, ils ne pourront l'être que par les Officiers-généraux ou supérieurs de jour & ceux de l'Etat-major-général de la Cavalerie, qui les donneront par écrit, ou par des billets signés du Maréchal-général-des-logis de la Cavalerie ou du Major de brigade.

55.

Les Commandans des postes feront passer prompte-ment par un Cavalier intelligent de leur garde, au Major de la division, les nouvelles intéressantes qu'ils appren-dront des ennemis pendant la durée de leur garde, & si cela étoit fort pressant, comme la marche d'un corps de troupes, ils le manderont en même tems au Général.

Ils se conformeront, pour la manière de faire leur rapport, à ce qui est prescrit au Titre 14.

56.

Le Lieutenant qui devra être détaché du poste du Capitaine, marchera avec lui jusqu'au poste que le Capi-taine devra occuper, ou il le quittera pour aller prendre le sien, conduit par un Cavalier d'ordonnance.

57.

Le Capitaine enverra, pendant la journée, le mot d'ordre ou de ralliement au Lieutenant détaché de son poste, & celui-ci ne le donnera que le soir aux bas-Officiers qui seront avec lui.

58.

Le Lieutenant détaché n'enverra pas d'ordonnance chez le Major de brigade, mais au poste du Capitaine.

59.

Il se conduira, pour relever le poste, pour sa sûreté

&

& pour fon fervice, de la même manière qu'il eft dit ci-deſſus pour le Capitaine.

60.

Lorſqu'il fera relevé, il viendra rejoindre le Capitaine à ſon poſte, pour retourner au camp avec lui, ſans que ni l'un ni l'autre puiſſe s'en retourner ſéparément.

61.

Les Officiers de garde deſcendront exactement la parade, à la tête du camp de leur régiment.

62.

Ils y mettront leur détachement en bataille, en feront l'appel, & après lui avoir fait faire demi-tour à droite par trois, ils le feront rentrer dans le camp.

63.

Ils iront enſuite rendre compte au Commandant du régiment & de la brigade, des Cavaliers qui pourront manquer, & des autres choſes qui mériteront attention.

64.

Ils en informeront pareillement le Major de leur brigade, & celui-ci en rendra compte au Maréchal-général-des-logis de la Cavalerie.

65.

La garde du quartier-général recevra les ordres du Lieutenant de Roi ou du Major du quartier-général, pour tout ce qui regardera la police de ce quartier & les patrouilles à y faire, & le reconnoîtra de même que le Lieutenant de Roi ou le Major d'une ville de guerre.

66.

Lorſque les patrouilles de cette garde auront arrêté des Soldats, Cavaliers, Dragons, Vivandiers, Valets ou gens fans aveu, elles les conduiront au corps-de-garde de la place, & les remettront au Commandant de la garde, en l'informant des caufes pour lefquelles elles les auront arrêtés.

Les Commandans de ces patrouilles inftruiront à leur retour le Commandant de leur garde de ce qu'ils auront fait, afin que celui-ci puiffe en rendre compte au Maréchal-général-des-logis de la Cavalerie.

67.

La garde du quartier-général donnera main-forte au détachement de la Prévôté, toutes les fois qu'elle en fera requife, ainfi qu'au Vaguemeftre-général, les jours de marche pour la police des équipages, & elle fournira au Prévôt les efcortes qui feront par lui demandées pour les détachemens.

68.

Les jours de marche, la garde du quartier-général marchera à la tête des voitures du tréfor.

69.

Le Commandant de la garde du quartier-général prendra tous les jours les ordres du Général à l'heure de l'ordre, & il les exécutera, ou les fera exécuter.

70.

Les vedettes & fentinelles feront toujours placées à portée, &, s'il fe peut, en vue de la garde qui les pofe.

Si, pour quelque raifon particulière, on étoit obligé d'en placer une affez éloignée, pour n'être ni vue ni entendue du pofte, l'Officier qui le commandera, fera pofer une vedette intermédiaire, qui puiffe la voir, l'entendre, & avertir le pofte.

71.

Les fentinelles des poftes feront relevées de deux

heures en deux heures, fans qu'on puiffe les laiffer plus long-temps en faction.

72.

Lorfqu'on campera dans les temps de grandes gelées, on les relevera toutes les heures, & même plus fouvent fi cela étoit néceffaire.

73.

Avant que les vedettes & fentinelles partent du pofte, elles feront préfentées par le Brigadier de pofe, à l'Officier qui le commandera.

74.

Celui-ci examinera fi elles font en état de tout point, & fi leurs armes font chargées.

75.

Il aura foin avant leur départ, de régler les lieux où chacune d'elle devra être pofée; les plus anciens Cavaliers devant toujours être placés en vedettes ou en faction dans les poftes les plus avancés.

76.

Ils partiront tous enfuite fous la conduite du Brigadier, qui, fi ce font des vedettes, marchera à leur tête le fabre à la main, les vedettes le fuivant deux à deux, le moufqueton haut, fans le quitter, ni l'aller attendre en chemin, fous quelque prétexte que ce puiffe être; fi ce font des fentinelles, les Cavaliers porteront le mouf-queton au bras.

Le Brigadier commencera toujours par relever les vedettes ou fentinelles les plus avancées.

77.

Celles qui feront relevées le fuivront de même pour revenir au pofte, & aucune d'elle ne pourra defcendre de cheval, ou pofer fes armes, qu'après que le Brigadier les aura préfentées à l'Officier, & qu'il aura ordonné de les faire rentrer.

78.

Les vedettes & fentinelles, en fe relevant, fe donneront la configne en préfence de leur Brigadier, qui s'avancera feul pour l'entendre donner ; les vedettes & fentinelles qui ne feront pas encore pofées, s'arrêtant quatre pas derrière lui.

79.

Les Officiers de garde iront fucceffivement vifiter les vedettes & fentinelles, leur faire répéter la configne qu'elles auront reçue, & la leur expliquer.

80.

Aucune vedette ni fentinelle ne fe laiffera jamais relever que par les Brigadiers de fon détachement.

Les vedettes & fentinelles doivent regarder attenti-vement de tous les côtés, pour bien découvrir ce qui fe paffe autour d'elles, & avertir de la voix ou par figne quand elles découvriront des Troupes, ou plufieurs perfonnes venant de leur côté.

81.

Pendant tout le temps qu'un Cavalier fera en vedette ou en faction, il ne pourra jamais defcendre de cheval, quitter fes armes ni s'affeoir, lire, chanter, ni même parler à perfonne fans néceffité.

Les vedettes & fentinelles doublées ne doivent jamais parler enfemble que pour ce qui regarde leur fervice, elles feront tournées de deux côtés oppofés ; & lorfqu'il paroîtra quelques Troupes, l'une viendra avertir la garde pendant que l'autre reftera pour obferver : fi l'une des deux déferte, l'autre tirera deffus, & avertira au pofte.

82.

Toute vedette ou fentinelle qui fera trouvée en
contravention

contravention fur quelqu'un de ces objets, ou qui aura
manqué à la confine, fera à la defcente de la garde
punie, fuivant la nature de fa faute, & l'importance
du cas.

83.

Toute vedette aura le moufqueton accroché à fa
bandoulière ; elle portera fon moufqueton haut, lorfqu'il
paffera devant elle quelque Officier, ou des Troupes,
ou lorfque la proximité de l'ennemi l'exigera ; hors cela,
elle pourra avoir fon moufqueton croifé fur le cou de
fon cheval.

Toute fentinelle portera le moufqueton, dans tous les
cas où la vedette doit avoir le moufqueton haut, &
pourra avoir le refte du temps le moufqueton au bras.

84.

Les fentinelles placées pour la garde de l'Artillerie
ou des poudres, feront faction le fabre à la main.

TITRE XXIII.

Inftruction particulière pour les grandes Gardes de Cavalerie.

TOUTE grande garde de Cavalerie fera partagée en
deux ou quatre divifions, fuivant fa force.

Dès qu'une grande garde de Cavalerie fortira des
gardes du camp, l'Officier qui la commandera, détachera
une avant-garde compofée de la première divifion, en
tout ou en partie, & commandée par un Officier ou
bas-Officier, fuivant la force de la garde.

Ces avant-gardes porteront pendant le jour, le moufqueton haut ; elles ne s'avanceront jamais à plus de cent
pas de la troupe, & elles poufferont devant elle & fur
les flancs, les Cavaliers néceffaires pour éclairer la
marche.

Pendant la nuit, elles marcheront le fabre à la main, afin que fi elles rencontroient l'ennemi, elles puffent le charger vivement, fans lui donner le temps de fe recon-noître ; & elles feront fuivies & foutenues de plus près, de la troupe entière.

Un Officier ou bas-Officier, fuivant la force de la grande garde, fera détaché avec une petite troupe pour marcher cinquante pas derrière elle ; cette arrière-garde fe fera fuivre à trente pas, par un ou deux Cavaliers, pour l'avertir de ce qui pourroit venir derrière elle.

Lorfque la grand-garde arrivera à fon pofte, le Commandant ira lui-même placer le petit corps-de-garde compofé de la totalité ou d'une partie de fa première divifion ; il fera enfuite pofer les vedettes qui devront entourer non-feulement ce petit corps-de-garde, mais la troupe entière ; & il les difpofera de manière qu'elles puiffent, s'il eft poffible, tout découvrir fans être elle-même en vue.

Il tâchera de couvrir fa troupe de quelque butte ou hauteur, pour empêcher l'ennemi d'en connoître la force, de façon cependant qu'au befoin elle puiffe facilement fe porter en avant ou fe retirer ; il aura attention qu'elle n'ait pas près d'elle fur fes derrières, de ravins ou de défilés, & qu'elle ne foit pas mafquée de trop près, par un bois ou quelqu'autre obftacle, qui pourroit empêcher qu'elle ne s'apperçût de l'arrivée de l'ennemi.

Quand cette troupe fera obligée de fe retirer, après avoir fait rentrer fon petit corps-de-garde, elle fera ce mouvement par divifion, la première marchant quelques pas en avant, pendant que la feconde fera une demi-converfion, & fe portera au trot, à cent pas en arrière, où elle fera *volte-face* : au moment où elle fera reformée, la première divifion fera fa demi-converfion pour aller joindre la feconde, & ainfi fucceffivement jufqu'à ce que la grand-garde ait gagné le terrein où elle fera en sûreté ; sa retraite se fera d'ailleurs plus ou moins promptement, suivant la manière dont elle sera suivie.

L'objet d'une grand-garde de Cavalerie, étant d'avertir & non de combattre, le Commandant doit s'occuper de bien éclairer en avant de lui, d'instruire promptement, & si le temps le permet, par écrit, de ce qui en vaudra la peine, le Général, les postes d'Infanterie & de Cavalerie qui sont les plus proches de lui, & le Major de sa division ; & dans les cas pressés, les brigades de Cavalerie ou d'Infanterie, qui seroient les plus menacées d'attaque, ces rapports se feront dans la forme prescrite au Titre XIV.

Lorsque l'ennemi arrivera sur lui en force à-peu-près égale à sa troupe, il retirera son petit corps-de-garde & ses vedettes, & se repliera lentement sans s'amuser à escarmoucher, calculant le terrein que l'ennemi a à parcourir pour arriver sur lui, & celui qu'il a à traverser pour gagner le poste qui doit le soutenir, ou le camp, de manière qu'il ait le temps de faire sa retraite en bon ordre, & sans être obligé de combattre.

Si cependant par quelque circonstance qu'il n'auroit pu ni prévoir ni prévenir, il se trouvoit entouré par l'ennemi, il prendroit alors, en homme de courage, le parti de se faire jour le sabre à la main, & de regagner le camp par une charge vigoureuse, toute capitulation dans ce cas, lui étant expressément défendue.

TITRE XXIV.

Instruction pour les Commandans des Détachemens & Escortes de Convois.

CETTE Instruction est commune aux deux armes, & les Officiers des deux armes pouvant se commander réciproquement, il a été jugé nécessaire de l'inférer dans chacune des Ordonnances qui les concernent.

Tout Officier, de quelque grade qu'il soit, chargé du commandement d'un détachement, doit tâcher de bien comprendre l'instruction qui lui sera donnée en partant, & se la faire bien expliquer; puisque c'est en conséquence qu'il doit régler la conduite qu'il a à tenir, qui doit être différente, suivant les différens objets qu'il lui sera ordonné de remplir.

Ils peuvent être de plusieurs espèces; 1°. faire une avant-garde d'armée, ou d'un gros corps pour occuper un poste avantageux & important; 2°. faire une arrière-garde; 3°. suivre un ennemi battu; 4°. pousser un corps que l'ennemi auroit avancé pour couvrir ses mouvemens ou sa retraite; 5°. escorter un convoi ou des équipages; 6°. aller aux nouvelles & reconnoître la marche ou la position d'un ennemi.

L'Officier chargé de faire l'avant-garde d'une armée ou d'un corps, doit pousser vivement les troupes qu'il peut trouver devant lui, jusqu'à ce qu'il ait gagné la hauteur ou le poste avantageux qu'il doit occuper; quand il y est parvenu, il doit s'y maintenir & s'y défendre avec la plus grande opiniâtreté, puisqu'il est soutenu de l'armée ou d'un gros corps, auquel il doit donner le temps d'arriver.

Dans une arrière-garde, au contraire, il doit éviter de combattre & de s'engager le plus qu'il lui sera possible, & s'il y est forcé après avoir repoussé l'ennemi, il doit bien se garder de le suivre, puisque l'objet de l'ennemi qui l'attaque doit être de retarder sa marche pour donner le temps à des forces plus considérables d'arriver sur lui; & que le sien doit être de faire sa retraite sans perte.

Lorsqu'il aura à suivre un ennemi battu, il ne peut le faire trop vivement, sans cependant abandonner à

sa

sa pourfuite la totalité du détachement ; mais felon sa force, il en laissera débander une ou plusieurs troupes pour l'atteindre & l'empêcher de se rallier, & suivra avec le gros au trot & en bon ordre, pour être toujours en état de résister à des troupes fraîches, s'il en survenoit.

Au contraire, lorsqu'il lui sera ordonné de pousser un corps que l'ennemi présenteroit devant lui, pour couvrir ses manœuvres, sa marche ou sa retraite, il doit l'attaquer avec la totalité du détachement le plus vivement possible, son objet étant alors de percer ce masque, pour voir ce que l'ennemi a, ou ce qu'il fait au-delà.

L'escorte d'un convoi étant faite pour le défendre & le conduire sûrement à sa destination, l'objet unique de l'Officier qui la commande doit être de le couvrir, d'éviter de combattre autant qu'il lui est possible, de ne le faire que forcément, mais avec vigueur ; & quelque avantage que dans ce cas il puisse avoir sur l'ennemi, de ne le point pourfuivre, & de continuer sa marche aussi-tôt qu'il le peut avec sûreté.

Quand il fera chargé d'aller aux nouvelles, ou de reconnoître la marche ou la position d'un ennemi, il doit marcher avec la totalité du détachement, jusqu'à une certaine distance de l'ennemi ; de-là il détachera des troupes à cheval qui se soutiendront en échelons ; il se portera légèrement avec les plus avancées sur quelque hauteur ou autre point d'où il puisse bien découvrir, & après avoir observé attentivement ce qu'il a ordre de tâcher de connoître, il repliera de même légèrement les troupes qu'il aura avancées, & rejoindra le gros de fon détachement ; son objet étant alors rempli, & n'en devant plus avoir d'autre que d'aller informer le Général de ce qu'il aura vu & appris.

Pour s'acquitter de ces différentes commissions, tout Commandant de détachement observera ce qui suit :

De quelque force que foit fon détachement, il le fera toujours marcher avec les plus grandes précautions, ayant des patrouilles en avant de lui, derrière & fur fes flancs, & ne s'engageant dans aucun village, chemins creux, bois ou plaines, fans les avoir fait foigneufement reconnoître.

Il obfervera de difpofer les troupes qui compoferont fon détachement, dans le terrein & dans l'ordre qui leur eft propre, de manière que dans la plaine, la Cavalerie couvre l'Infanterie, & que dans les pays coupés, l'Infanterie protège la Cavalerie.

Dans les pays mêlés de plaines & défilés ou bois, il entremêlera ces deux corps, de manière qu'ils puiffent au befoin fe fecourir mutuellement.

Lorfqu'il marchera la nuit, dans quelque nature de terrein que ce foit, il mettra toujours la plus grande partie de fon Infanterie à l'avant-garde, la faifant précéder par un petit détachement de Cavalerie pour aller plus en avant, & l'avertir de l'arrivée de l'ennemi; il fera fuivre fon Infanterie par le gros de fa Cavalerie, à la queue de laquelle il mettra quelque Infanterie, qui fera elle-même fuivie d'un petit détachement de Cavalerie, pour faire fon arrière-garde & l'inftruire de ce qui pourroit venir fur fes derrières.

La raifon de cette difpofition, eft que fi la nuit, le gros de la Cavalerie faifoit l'avant-garde, & qu'elle fût culbutée par l'ennemi, elle pafferoit néceffairement fur le corps à l'Infanterie qui feroit derrière elle, & y cauferoit le plus grand défordre, qui feroit très-difficile à réparer; d'ailleurs il eft peu poffible de faire ufage de la Cavalerie la nuit, au lieu que l'Infanterie peut toujours par fon feu, pouffer ou arrêter l'ennemi; & en cas qu'elle fût obligée de plier, elle ne caufe point de défordre, irrémédiable dans la Cavalerie. Si le détachement marche en retraite, il prendra l'ordre contraire.

Tout Commandant de détachement, & fur-tout de ceux qui fe portent fur l'ennemi, & font expofés à être attaqués dans leur retraite, doivent, en marchant en avant, examiner avec le plus grand foin le pays qu'ils parcourent, faire attention aux bois, marais, ponts qu'ils traverfent, & bien reconnoître les endroits où ils devront placer l'Infanterie pour protéger leur retour, & faciliter le paffage des défilés à la Cavalerie ; & comme l'afpect des pays eft différent , fuivant le point d'où on le voit , afin de fe pouvoir bien reconnoître dans leur retraite, ils s'arrêteront fouvent en fe portant en avant, & fe retourneront pour prendre des points de vue qui les guident quand ils feront obligés de revenir. Cette attention eft bien importante ; pour l'avoir négligée, des détachemens ont été fouvent maltraités , ayant manqué de retrouver les ponts & paffages, & s'étant jetés dans des obftacles qui les ont arrêtés, & donné à l'ennemi le temps de les atteindre.

Dans les haltes, le Commandant mettra fon détachement en bataille, faifant face au terrein par où l'ennemi pourroit venir à lui, plaçant en avant & autour de fon détachement de petits corps-de-garde, des vedettes & des fentinelles pour être averti, & ne faifant repaître fes troupes que fucceffivement, les uns reftant à cheval & en ordre pendant que les autres feront débridés.

Il redoublera de vigilance & de précautions, lorfqu'il fera obligé de s'arrêter pour paffer la nuit.

S'il fe trouve dans le cas d'être attaqué par un corps fupérieur ou égal au fien, il difpofera fon détachement de la manière & dans le terrein le plus favorable aux différentes efpèces de troupes qui le compoferont.

Tout Commandant de détachement aliera la prudence avec le courage, en forte qu'il ne s'engage point fans néceffité, mais auffi qu'il n'évite point de combattre quand l'objet qu'il doit remplir le demande, & qu'alors il le faffe avec la plus grande vigueur, en donnant lui-même l'exemple ; ce qui eſt la manière la plus efficace d'engager les troupes à faire leur devoir.

L'eſcorte des convois ou équipages demande des pré-cautions particulières ; l'Officier qui en ſera chargé, ne négligera rien pour être averti de la marche de l'ennemi, pouſſant pour cela des patrouilles ſur tous les chemins par leſquels il pourroit venir à lui, & ſur toutes les hauteurs d'où on pourra le découvrir. Il ne diviſera jamais ſon eſcorte en petites parties ; mais, ſuivant ſa force, il la ſéparera en pluſieurs diviſions : il en placera une à la tête, une à la queue, & les autres intermédiaire-ment, de manière qu'elles puiſſent ſe prêter ſecours, & ſe réunir au beſoin.

Il chargera particulièrement des Officiers & bas-Officiers choiſis, de veiller à ce que les chariots marchent toujours ſerrés, & ne faſſent point une trop longue file.

Si le convoi doit paſſer un défilé ou chemin creux, le Commandant enverra des détachemens d'Infanterie pour en occuper la tête & les hauteurs qui le bordent, & il mettra ſon eſcorte en bataille pour couvrir ſon convoi ; obſervant que ſi c'eſt par ſes derrières qu'il a le plus à craindre, la plus grande partie de l'eſcorte demeurera en-deçà du défilé pour en couvrir le paſſage ; ſi c'eſt par le côté vers lequel il marche que l'ennemi peut plus facilement l'attaquer, l'eſcorte ſe portera en avant du défilé pour en protéger la ſortie, & quand la totalité du convoi aura paſſé, on ſe remettra en marche, & les troupes de l'eſcorte reprendront les poſtes qui leur avoient été précédemment aſſignés.

Si, par la ſupériorité de l'ennemi, le convoi ne pouvoit continuer ſa marche ſans danger, l'Officier qui le commandera, fera arrêter & parquer les voitures dans l'endroit le plus avantageux, & il y demeurera juſqu'à ce que, par une défenſe vigoureuſe, il ait pu forcer l'ennemi à ſe retirer, ou qu'il ait été ſecouru.

Si,

Si, pendant que l'escorte est pressée par l'ennemi, ou dans un défilé, quelque chariot du convoi venoit à se briser, la charge en sera diligemment répartie sur les autres; le chariot cassé jeté hors du chemin, & les chevaux seront attelés aux voitures qui en auroient besoin.

Lorsque le convoi s'arrêtera pour passer la nuit, le Commandant en fera parquer les chariots dans un terrein libre & découvert, & occupera avec les troupes tous les points & débouchés qui pourront le couvrir; lorsque son parc sera également en sûreté en-delà comme en-deçà du village ou ruisseau auprès duquel il s'arrêtera, il fera parquer son convoi au-delà, étant toujours avantageux de passer le défilé lorsqu'on arrive, & pendant que les voitures sont en file; mais cet arrangement de commodité doit toujours être subordonné à la sûreté du convoi.

Tout ce qui est prescrit ci-dessus, concerne tout Commandant de détachement, de quelque nombre de troupes qu'il soit formé; mais dans les détachemens ou escortes particulières de cent cinquante, cent, ou cinquante hommes d'Infanterie, l'Officier qui en sera chargé, redoublera d'attention & de prévoyance, le petit nombre de troupes qu'il a avec lui les rendant plus nécessaires.

Il ne séparera point alors son détachement; il mettra seulement une escouade à la tête, une à la queue, & quelques Soldats sur les flancs pour faire filer les voitures, y maintenir l'ordre, & l'avertir si l'ennemi paroissoit; & il se placera avec la totalité de son détachement dans l'endroit le plus exposé, d'où il se portera avec lui par-tout où le besoin l'exigera. Si le détachement étoit de cinquante ou soixante hommes seulement, au lieu d'escouades, il ne mettroit que deux Fusiliers à la tête & à la queue du convoi.

En cas d'attaque, il aura attention de bien ménager son feu, de ne jamais faire tirer la totalité de sa troupe à la fois; mais l'ayant divisée en deux sections, il observera également de ne faire tirer la seconde, qu'après que la première aura rechargé. Toute troupe qui marchera feule, quand elle ne feroit que d'une efcouade, fera toujours divifée en deux parties, & obfervera pour fon feu, ce qui vient d'être dit ci-deffus.

Si, par quelques circonftances, un détachement d'Infanterie fe trouvoit coupé dans la plaine, ou invefti dans un village ou pofte, dans lequel il fe feroit retiré, il s'y défendroit jufqu'à ce qu'il fût dans la fituation où il eft permis honorablement de capituler. Ces différens cas ont été expliqués au *Titre* 23, ainfi que les conditions de capitulation qu'on eft autorifé à accepter.

Si le détachement étoit de cent cinquante, cent, ou cinquante Maîtres, il fe tiendroit enfemble, comme il a été dit pour l'Infanterie. Tout Commandant obfervera de plus, que toutes les fois qu'il n'aura point d'Infanterie avec lui, il ne doit jamais s'enfermer dans des villages, châteaux ou autres lieux fermés, & que dans tous les cas où il fe trouveroit coupé ou féparé du camp, ou d'un plus gros corps dont il feroit partie, il n'a que deux partis à prendre, l'un de tâcher de regagner l'armée, une réferve ou une place par un grand circuit; l'autre, de fe faire jour par une charge vigoureufe, & en paffant fur le corps aux troupes qui l'auroient entouré, toute capitulation étant interdite en ce cas à la Cavalerie.

TITRE XXV.

Des Marches.

ARTICLE PREMIER.

IL y aura toujours des corps de Troupes provinciales deftinées à l'ouverture des marches & aux expéditions de l'Etat-Major de l'Armée.

2.

Ces Corps camperont en avant du Quartier général,

& comme ils feront chargés de travaux pénibles, on les
cantonnera à portée, toutes les fois que cela fera poffible.

3.

Lorfque les circonftances l'exigeront, on raffemblera
dans le pays, des pionniers qui y feront joints & qui
feront employés aux travaux ordonnés, fous les ordres
des Officiers & bas-Officiers defdits Corps.

4.

Ces pionniers recevront chacun une ration de pain
par jour, & les mêmes ne feront jamais gardés plus de
quatre jours.

5.

Il fera nommé, au commencement de chaque campagne, par le Maréchal-général-des-logis de l'Armée,
un Aide-Maréchal-général-des-logis intelligent & actif,
pour être chargé en chef de l'ouverture des marches.

6.

Cet Officier aura fous lui des Aides-Maréchaux-
généraux-des-logis, ou Officiers attachés à l'Etat-Major,
en proportion de la force de l'Armée, & par conféquent
du nombre de colonnes fur lefquelles elle devra habituellement marcher.

7.

On affectera un nombre de Compagnies provinciales
à chacun de ces Officiers, pour travailler, fous leurs
ordres, à l'ouverture des marches de la colonne dont
ils feront chargés.

8.

On attachera à chacune de ces divifions de Compagnies
provinciales, un certain nombre de chariots détachés
du parc d'artillerie, chargés d'outils, de poutrelles, de
madriers, & l'on y joindra des ponts légers, d'après les
nouveaux modèles qui feront déterminés.

9.

Les chemins des colonnes feront ouverts, autant qu'il fe pourra, à huit toifes, afin que les troupes puiffent marcher habituellement par peloton. On donnera, autant qu'il fera poffible, la moitié de cette largeur aux ponts qui devront fe jetter fur les ruiffeaux ou ravins.

Il fera pratiqué de plus fur la droite & fur la gauche des chemins des colonnes, des paffages, afin que fous aucun prétexte, les valets ne puiffent gêner les troupes dans la marche.

10.

Auffi-tôt que l'Armée fera arrivée dans un camp, le Maréchal-général-des-logis, après avoir pris les ordres du Général, donnera les fiens à l'Aide-Maréchal-général-des-logis chargé en chef des marches, pour en ouvrir une du côté où le Général fe propofe de marcher, & il y fera travailler fur-le-champ avec la plus grande diligence.

Lorfque l'Armée féjournera quelques jours dans un camp, il fera ouvert des marches fur tous les points où l'Armée pourroit, fuivant les circonftances, fe trouver obligée de fe porter, & les Itinéraires & Aides-de-marche en conféquence feront toujours prêts au befoin.

11.

Les ouvertures des marches, le nombre des colonnes, la difpofition des diverfes armes dans les colonnes, enfin toutes les combinaifons de l'ordre de marche fe feront toujours relativement & conféquemment à la plus ou moins grande proximité de l'Ennemi, & au plus ou moins de poffibilité qu'il pourroit avoir d'attaquer l'Armée dans fon mouvement.

Celles qui fe font hors de portée de l'Ennemi devant être confidérées comme des marches fimples dans lef-quelles la commodité & la moindre fatigue des troupes doivent être le premier objet, tandis que celles qui fe font à portée de l'Ennemi, & fur-tout d'un ennemi agiffant & manouvrier, doivent être au contraire regar-
dées

dées comme des marches de guerre, dans lesquelles
l'Armée peut avoir besoin de se former par-tout où
l'Ennemi peut l'attaquer.

12.

On distinguera toujours, en outre, en ouvrant les
marches, & en faisant la disposition des ordres de marche,
(& on y apportera plus d'attention encore, lorsque ces
marches se feront à la proximité de l'Ennemi) celles
qui, relativement à la position de l'Ennemi, devront
s'exécuter par le front de l'Armée & celles qui devront
s'exécuter par son flanc. Le nombre & la disposition des
colonnes devant être combinées en conséquence, & sur
des principes opposés, puisque dans la marche de front
on doit les multiplier, & embrasser, par l'ensemble de
la marche, toutes les fois qu'il est possible, un espace
égal au front de l'Armée, pour qu'elle puisse être plus
promptement formée; tandis que dans les marches de
flanc, il faut au contraire marcher chaque ligne ou chaque
moitié de ligne au plus, formant sa colonne, & que les
chemins des colonnes doivent être ouverts très-rappro-
chés; de manière que s'il falloit se former, les colonnes
intérieures de la marche eussent peu d'espace à parcourir,
pour rentrer dans l'ordre de bataille que l'Armée pourroit
être obligée de prendre pour faire face à l'Ennemi.

13.

Les principes ci-dessus qui ne font que sommaires, &
que la nature du pays ou les circonstances peuvent
modifier encore, tenant au surplus à la théorie de l'Etat-
Major de l'Armée, seront développés avec le détail
nécessaire dans l'instruction que Sa Majesté fera dresser
pour cet Etat-Major, quand on s'occupera de sa constitution & des écoles qui y font relatives.

14.

Le nombre de colonnes & la composition des colonnes
seront déterminés par le Général, suivant la nature du

Cavalerie.   K k

pays, ſa proximité de l'Ennemi & les autres circonſtances.

15.

Les équipages tiendront entr'eux l'ordre preſcrit au Titre 21.

16.

Chaque régiment de troupes à cheval donnera un Brigadier & une eſcouade de garde de police à ſes équipages ; ces gardes ſeront commandées par un Lieutenant ou Sous-Lieutenant par brigade & aux ordres du Vaguemeſtre général de l'armée. Lorſque les équipages ne marcheront point avec les troupes, & qu'il ſera néceſſaire de pourvoir à leur ſûreté, il leur ſera donné en outre une eſcorte proportionnée aux circonſtancès, & commandée par un Officier ſupérieur, qui dans ce cas aura le Vaguemeſtre général à ſes ordres.

17.

Lorſque toute l'armée devra marcher, ou prendre les armes & monter à cheval, on ſonnera le boute-ſelle, lorſque l'infanterie battra la générale.

S'il n'y avoit que la Cavalerie qui dût marcher, on ſonneroit des appels au lieu de boute-ſelle.

18.

Il ne ſera jamais laiſſé plus d'une demi-heure d'intervalle du boute-ſelle au boute-charge, & plus d'une heure du boute-charge, à ſonner à cheval.

19.

Tous les équipages & effets ſeront habituellement raſſemblés tous les ſoirs & prêts à charger, afin que ſi l'armée ou les équipages recevoient pendant la nuit ordre de partir, il ne reſtât qu'à détendre les tentes, pour pouvoir mettre les équipages en marche.

20.

On n'avertira jamais à l'ordre que l'armée devra marcher le lendemain ; la générale & le boute-selle seront toujours le signal du départ.

21.

Les jours de marche, le Trompette de la garde du Quartier-général commencera à sonner le boute-selle, au moment que cela lui aura été ordonné par le Major-général, ou quand le Tambour de la garde de la place battra la générale.

Il sortira du Quartier-général en sonnant, & ira jusqu'au plus prochain régiment de la ligne, qui donnera aussi le signal pour avertir les Trompettes de se préparer à sonner, & incontinent après ils sonneront le boute-selle.

Tous les Trompettes des gardes de police le sonneront aussi en même temps.

22.

Une demi-heure après le boute-selle, on sonnera le boute-charge, & une heure après le boute-charge, on sonnera à cheval : le signal pour les différentes sonneries sera donné pour la ligne par les Tambours du premier régiment d'infanterie de la droite, & pour le Quartier-général, par celui de la garde de la place.

23.

Dès qu'on sonnera le boute-selle, le Maréchal-général-des-logis de la Cavalerie enverra un de ses Aides à chaque division de troupes à cheval, pour porter au Major de division l'ordre de marche ou autres dispositions qui devront être exécutées.

24.

Toutes les fois qu'on sonnera le boute-selle, les Officiers & Cavaliers se leveront, s'habilleront & s'armeront promptement ; on fellera & bâtera les chevaux & on harnachera ceux des voitures.

Au boute-charge , on chargera & on attellera les chevaux.

Lorfqu'on fonnera *à cheval*, les troupes fe mettront en bataille à la tête de leur camp.

Les menus équipages fe placeront de manière à pouvoir fuivre les troupes de leur divifion , ceux des Officiers-généraux de divifion ayant la tête des menus équipages des troupes, qui garderont entr'eux le rang que leurs brigades tiennent dans leur divifion.

Les gros équipages fuivront enfuite dans le même ordre , & les vieilles gardes fe rendront au centre de la queue du camp de la feconde ligne de leur divifion, pour faire l'arrière-garde des équipages.

25.

Dans les cas de furprife ou d'attaque, on fonnera le boute-charge & à cheval, fans intervalle, à la fuite du boute-felle; & les difpofitions prefcrites ci-deffus s'exécuteront le plus promptement poffible.

26.

Au boute-felle , les piquets & les campemens fe porteront en avant du centre de la brigade , pour exécuter enfuite les ordres qui les concerneront dans la difpofition générale.

27.

Les ordres de marche envoyés au Major de divifion par le Maréchal-général-des-logis de la Cavalerie, feront toujours écrits en cette forme.

PREMIÈRE COLONNE.

Elle fera compofée de la brigade de . . . . . *de celle de* . . . . *de celle de* . . . . . . & dans l'ordre où elles devront marcher.

L'a tillerie

L'artillerie marchera après la brigade de . . . . .
Les équipages s'affembleront à . . . . . .
Les anciennes gardes fe raffembleront à . . . . . ., pour
faire l'arrière-garde des équipages.

Et ainfi des autres chofes qu'il pourroit avoir à
ordonner, énoncées en peu de paroles, fans entrer dans
aucun autre détail, & fans inftruire une colonne des
ordres qui concerneroient les autres, à moins que cela
ne devînt néceffaire pour l'intelligence & la difpofition
générale de la marche.

28.

S'il ne devoit marcher qu'une ou deux brigades, les
Aides-Maréchaux-généraux-des-logis de la Cavalerie fe
rendroient en droiture au camp de ces brigades, pour
leur en donner l'ordre, & ils en inftruiroient enfuite les
Majors des divifions dont elles feroient partie.

29.

Toutes les fois qu'on fonnera le boute-felle, les
Officiers-généraux fe rendront à la tête de leurs divifions,
& les Officiers-généraux & fupérieurs de jour, à la tête
des piquets.

30.

Dès que l'ordre aura été donné pour marcher, ou
que l'on fonnera le boute-felle à l'improvifte, les Majors
de brigade enverront aux grand-gardes & poftes détachés, les ordres qui les concerneront.

31.

Les campemens & les nouvelles gardes marcheront
habituellement à la tête de la colonne de leurs divifions;
mais fi le Général de l'armée changeoit cette difpofition,
& qu'il leur affignât un rendez-vous général, le plus
ancien Officier fupérieur de jour de la divifion les conduira au rendez-vous général, & en prendra le commandement pendant la marche. Arrivés dans le terrein du

nouveau camp, ils feront halte, & attendront les ordres des Maréchaux-de-camp de jour.

32.

Au boute-charge, on fera détendre, plier les tentes & charger les équipages, ainſi que les chariots & chevaux de compagnie, ce qui étant fait, les Cavaliers brideront les leurs.

33.

On obſervera, pour détendre les tentes des Cavaliers, que deux hommes par tente ſe placent aux deux mats, auſſi-tôt que les Trompettes commenceront à ſonner le boute-charge, & que toutes les tentes tombent à la fois, lorſqu'ils ceſſeront de ſonner.

34.

Les Officiers & bas-Officiers tiendront la main à ce que chaque Cavalier raſſemble ſes effets, outils, armemens & autres uſtenſiles.

35.

Ils leur feront éteindre exaɕement les feux, & empêcheront qu'ils ne brulent la paille & les baraques du vieux camp.

Les Commandans des Corps en ſeront reſponſables.

36.

Un quart-d'heure avant que l'on ſonne *à cheval*, les bas-Officiers & Cavaliers tourneront leurs chevaux de la tête à la queue, les deux demi-compagnies au quart de compagnies de la même rue ſe faiſant face, & ils demeureront en cet état, juſqu'à ce que le Commandant de la compagnie en ait fait l'appel, & au moment où l'on ſonnera *à cheval*, il y fera monter les Cavaliers, & formera la compagnie, ainſi qu'il eſt preſcrit par l'Ordonnance des manœuvres.

37.

Pour fe mettre en bataille à la tête du camp , les Commandans des compagnies formeront & aligneront les efcadrons, d'après ce qui eſt ou fera prefcrit dans l'Ordonnance des manœuvres.

38.

Auſſi-tôt qu'on battra la générale & qu'on ſonnera le boute-felle , les Aides-Maréchaux-généraux-des-logis de l'armée partiront du Quartier-général, pour fe rendre à la tête des colonnes qu'ils devront conduire, & remettre leurs itinéraires aux Officiers-généraux qui les commanderont.

39.

Dès que les troupes feront en bataille, l'Aide-Maréchal-général-des-logis de la Cavalerie chargé de la formation de la colonne de marche de chaque diviſion, y fera entrer les brigades qui devront la compofer, & la difpofera à fe mettre en marche par les mouvemens prefcrits dans l'Ordonnance des manœuvres des troupes à cheval.

40.

Les brigades de feconde ligne viendront en même temps joindre celles de la première, & auſſi-tôt que toute la Cavalerie qui devra compofer la colonne fera formée , ainſi qu'il vient d'être dit, l'Officier-général qui la commandera, la mettra en mouvement.

41.

L'exécution des ordres donnés ne devant jamais éprouver de retard, ſi l'Officier - général - commandant la colonne n'y étoit pas rendu à l'heure qu'elle devra partir, le plus ancien Officier-général ou fupérieur préfent après lui, la mettra en marche, & dans ce cas il en fera rendu compte, en arrivant au camp, au Général de l'armée, par l'Officier-général qui aura conduit la colonne à fa place.

42.

Les troupes à cheval marcheront, ainfi qu'il a été dit, habituellement par peloton ; & l'Ordonnance des manœuvres de la Cavalerie a établi ou établira des principes pour empêcher qu'elles n'éprouvent aucun ralentiffement dans leur marche, lors même qu'elles feront obligées de dédoubler leur front.

Il fera défendu aux Valets des Officiers de tout grade, de marcher à cheval entre les troupes ; ils obferveront de fe tenir fur le flanc de la colonne à hauteur de l'efcadron ou de la compagnie où leurs maîtres feront attachés.

43.

Les Commandans de brigades détermineront fur quel flanc de la colonne les Valets devront marcher, obfervant que ce foit toujours fur le flanc fur lequel on a le moins à craindre que l'ennemi n'arrive.

44.

Il y aura toujours un Officier qui précédera de cent pas chaque brigade pour reconnoître les paffages fur la droite ou la gauche des ponts & communications, & les indiquer aux Valets.

45.

S'il fe trouvoit des défilés où ils fuffent indifpenfablement obligés de paffer avec leur troupe, ceux de chaque efcadron les pafferoient à la queue, obfervant de fe former fur le même front que l'efcadron marchera, & par rang d'Officiers & de compagnie, & auffi-tôt après le paffage du défilé, ils reprendront leur place fur le flanc de la colonne.

Si l'on marchoit en colonne renverfée, ils pafferoient devant leurs efcadrons.

Une fois pour toutes, il fera ordonné aux Valets, foit

en

en marche de régiment, soit en détachement, que lorfqu'il n'y aura point de chemins préparés pour marcher
fur les flancs de la colonne , ils ayent à fe former en
troupe à la queue de chaque efcadron , fur le même front
qu'on marchera, & fi l'on marche en bataille, ils fe formeront fur un rang derrière leurs efcadrons. On chargera
un Maréchal-des-logis intelligent de veiller à l'exécution
de cet ordre.

46.

Le Maréchal-général-des-logis de l'armée fera toujours
faire mention, dans l'itinéraire de chaque colonne, de la
moindre largeur des défilés que la colonne aura à paffer,
& l'Officier-général-commandant la colonne fera fes difpofitions en conféquence, pour faire march er les Valets,
foit entre les efcadrons, foit à la queue des régimens
de la brigade, ou même de la divifion ; mais, dans tous
les cas, il ne fera fouffert dans les colonnes de troupes
à cheval, aucun cheval de bât, ni aucune efpèce de
voitures, fous tel prétexte que ce puiffe être.

> *Nota,* Quand on aura déterminé la forme des moyens de tranfport
> des effets de campagne, ainfi que tout ce qui a rapport aux Valets &
> aux équipages, on indiquera dans la rédaction du Code la place que
> doivent occuper dans les marches les Valets à cheval, chevaux ou
> chariots de régimens.

47.

Si un Cavalier eft forcé de quitter fon rang pendant
la marche, il en demandera la permiffion au Commandant de fa compagnie, & on laiffera avec lui un bas-
Officier pour le ramener.

48.

On ne laiffera jamais arrêter les Cavaliers aux puits,
ruiffeaux ou abreuvoirs pendant la marche.

49.

En paffant dans les villages, on y laiffera, d'efcadron

Cavalerie.   M m

en escadron , des Officiers & bas-Officiers pour faire
serrer & empêcher qu'aucun Cavalier ne s'y arrête.

50.

Si un Cavalier est rencontré hors de la marche de
l'armée , sans que son Capitaine ait averti le Commandant
du régiment & celui-ci le Commandant de la brigade ,
celui de ces Officiers qui y aura manqué , sera respon-
sable , en son propre & privé nom, du désordre que ce
Cavalier aura fait.

51.

Il marchera sur les flancs de chaque colonne un détachement de la Prévôté avec un des Caporaux qui y sont
attachés , & les Commandans des régimens lui donneront
main-forte , s'ils en sont requis.

52.

Les Commandans de brigade & de régiment s'arrêteront souvent pour voir si leurs brigades marchent
dans l'ordre prescrit , & si les Officiers sont à leurs
places.

53.

Ils observeront de suivre toujours le mouvement qui
sera fait à la tête ; de sorte que quand les brigades qui
les précédent , feront doubler ou dédoubler, ils fassent
aussi doubler & dédoubler au même point où les autres
auront commencé ce mouvement.

Enfin ils veilleront non - seulement à ce que les
Officiers de leur brigade n'aient à leur suite que le
nombre de Valets prescrit; mais ils feront encore arrêter
tous Valets étrangers, chevaux d'équipages, Vivandiers,
gens sans aveu, Soldats, Cavaliers & Dragons d'autres
régimens qui marcheront avec leurs brigades, & les
feront remettre au détachement de la Prévôté de leur
colonne.

54.

Les Officiers généraux, commandans les colonnes, donneront la plus grande attention à ce qu'elles confervent, pendant la marche, les diftances néceffaires pour fe mettre en bataille au premier ordre.

55.

On fe conformera au furplus pour les mouvemens, qui devront préparer les colonnes à fe mettre en bataille, pour les manœuvres par lefquelles elles s'y mettront, & pour toutes les circonftances relatives aux marches, comme haltes, paffages de défilés & à tout ce qui eft ou fera prefcrit à cet égard dans l'Ordonnance des manœuvres de la Cavalerie.

56.

Toutes les fois qu'on fera halte, les troupes fe formeront par compagnie, & pour peu qu'elle dût être longue & qu'on fût près de l'ennemi, on fe formera par efcadrons, ne laiffant de l'un à l'autre qu'une demi-diftance.

57.

Les régimens feront environnés de vedettes pour qu'aucun Cavalier ne puiffe s'écarter.

58.

Les vedettes établies, on fera mettre pied à terre aux Cavaliers qui fe tiendront auprès de leurs chevaux, fans paffer au-delà des vedettes.

59.

Tout Cavalier qui aura befoin de fortir au-delà des vedettes, pour quelque caufe que ce puiffe être, fera conduit par un bas-Officier.

60.

Dès qu'on fonnera des appels à la tête, les Cavaliers

montcront promptement à cheval, & lorfqu'on fonnera la marche, tous les efcadrons s'ébranleront à la fois.

61.

Soit en partant, foit en arrivant aux haltes, tant que les Trompettes fonneront, les Cavaliers obferveront le plus grand filence; & ce ne fera qu'après qu'ils auront ceffé de fonner, qu'il leur fera permis de parler, ne devant alors être affujettis à d'autres précautions qu'à celles de ne point confondre leurs rangs & d'obferver leurs diftances.

62.

Il fera défendu d'entrer dans les grains, pendant la marche, à moins que ce ne fût le chemin de la colonne.

63.

On ne fera jamais paffer dans les colonnes aucune autre parole que celles de commandement.

Dans les marches de nuit, il fera obfervé le plus grand filence.

64.

Si la colonne ne peut fuivre la tête, ou s'il arrive quelqu'accident ou évènement imprévu qui l'oblige de s'arrêter, le Trompette qui marchera à la tête de l'efcadron demeuré en arrière, fonnera un appel; alors les autres Trompettes en fonneront auffi, d'efcadron en efcadron, jufqu'à la tête qui fera halte, en attendant qu'on fonne la marche à la queue; & alors l'Officier, commandant l'efcadron qui fera arrêté, enverra diligemment un Officier avertir l'Officier général, commandant la colonne, de ce qui fera arrivé.

Lorfqu'on fonnera la marche à la queue, ce qui indiquera que la colonne peut fe mettre en mouvement, le Commandant la mettra en marche.

65.

65.

Dans les marches ou haltes, il ne fera rendu d'honneur
à perfonne, feulement lorfque les Princes du Sang &
Légitimés de France, les Maréchaux de France & le
Commandant de l'armée, pafferont le long d'une colonne,
qui fera en marche, les Cavaliers, fans s'arrêter, aligneront leurs rangs. Si la colonne eft en halte, les Cavaliers
fe placeront à côté de leurs chevaux, & les Officiers à
leurs compagnies.

Lorfqu'une troupe en marche rencontrera le Saint-
Sacrement, elle s'arrêtera, fe mettra en bataille, &
exécutera ce qui eft prefcrit au Titre des honnneurs
militaires; & il en fera ufé de même dans les haltes.

66.

Un Maréchal-des-logis & un Brigadier par régiment,
avec l'ancienne garde de police du dernier régiment de la
colonne en feront l'arrière-garde ; cette arrière-garde,
ainfi que le Maréchal-des-logis & le Brigadier détachés
par régimens, feront aux ordres du Capitaine de police ;
elle vifitera les hayes, les chemins creux & villages, pour
voir s'il ne s'y feroit pas caché des Cavaliers qui auroient
échappé à la vigilance de leurs Officiers ; elle les arrêtera
& les remettra à leur régiment en arrivant au nouveau
camp.

67.

A l'égard des Soldats, Cavaliers, Dragons, Vivandiers
ou Valets qu'elle arrêtera maraudant, elle les enverra au
Prévôt.

Le Commandant de cette arrière-garde rendra compte
au Commandant de la brigade de ce qui s'y fera paffé, &
s'il y a lieu, celui-ci en informera le Commandant de la
divifion.

68.

S'il étoit commandé pendant la marche quelques gardes

ou détachemens, les piquets y marcheroient, & en ce cas
leur tour & détachement feroit cenfé fait, s'ils ne ren-
troient pas au camp avec leur colonne.

69.

Les efcadrons en arrivant au nouveau camp, s'y mettront en bataille fur le terrein qui leur fera deftiné, ainfi
qu'il eft prefcrit au Titre 9.

70.

Lorfqu'une colonne fera dans le cas d'en croifer d'autres
en marche, celle qui aura reçu l'ordre du Général pour
les traverfer, en fera part aux Officiers généraux qui les
commanderont, lefquels feront alors arrêter les leurs,
pour que ce mouvement fe faffe avec le plus d'ordre &
de célérité poffibles.

71.

Mais quand cela arrivera par quelque hazard ou défec-
tuofité dans la marche, les colonnes ne fe couperont
jamais, & celle qui fe trouvera croifée fera halte jufqu'à
ce que toutes les Troupes qui compofent l'autre, aient
achevé de défiler.

Les troupes de la colonne qui aura fait halte, pafferont
avant les menus équipages de la première, enfuite les
menus de la feconde, & fucceffivement les gros dans le
même ordre.

Il en fera ufé de même par les brigades & les régimens.

72.

Quand deux brigades ou Régimens fe rencontreront en
route, ils fe céderont réciproquement la droite, fi le terrein
permet qu'ils continuent à marcher; finon, les troupes à
cheval feront halte pour laiffer paffer l'Infanterie.

Les troupes à cheval fuivront entr'elles le rang qui leur
eft fixé, & fi les brigades ou régimens étoient de même
corps, le plus ancien pafferoit le premier.

Les troupes en marche ne se rendront aucun honneur.

Les Cavaliers & Soldats aligneront leurs rangs, & les Trompettes des piquets sonneront la marche.

Les Tambours de piquet & de police battront aux champs.

73.

Lorsque les troupes croiseront une colonne d'équipages, elles la feront arrêter, pour les laisser passer ; les Commandans de ces troupes ne le feront cependant qu'autant qu'il ne leur seroit pas possible de trouver un autre chemin.

74.

Il sera commandé tous les jours de marche une garde de police pour marcher à la tête des gros équipages ; le Maréchal-des-logis qui commandera cette garde sera aux ordres de l'Officier d'Infanterie qui commandera celle de cette arme.

TITRE XXVI.

Instruction pour les jours de combat.

Nota. Ce Titre sera rempli dans le Code.

TITRE XXVII.

Des Distributions.

ARTICLE PREMIER.

LES Cavaliers n'iront jamais à quelque distribution que ce soit, sans être assemblés en ordre, & conduits par des Officiers & bas Officiers armés.

2.

On commandera toujours un Lieutenant ou Sous-lieutenant par efcadron pour chaque diftribution, & les Cavaliers feront partagés, fuivant leur nombre, en plufieurs divifions, & marcheront dans le même ordre que s'ils étoient fous les armes.

3.

Arrivés au lieu où la diftribution devra fe faire, l'Officier qui les commandera les mettra en bataille; la première divifion ira recevoir ce qui devra lui être fourni, après quoi elle reviendra à fon pofte; la feconde en fera de même, & ainfi des autres.

4.

Le Quartier-maître du régiment marchera avec les campemens, & fe trouvera à toutes les diftributions, pour les faire faire en règle, & pour en donner des reçus.

5.

Si le Quartier-maître étoit abfent ou employé à un autre objet, il y feroit fuppléé par un des Porte-étendarts.

6.

Les Officiers chargés de faire faire les diftributions, ne s'y préfenteront qu'avec un état exact du nombre de rations qu'ils auront à demander pour chaque Compagnie.

Ces états feront conformes à ce qui eft prefcrit dans les Ordonnances d'adminiftration & de comptabilité.

7.

Il fe trouvera à toutes les diftributions faites des magafins de Sa Majefté, un Commiffaire des guerres prépofé par l'Intendant de l'armée, pour régler, de concert avec les Officiers chargés des diftributions, les difficultés qui pourroient furvenir; étant très-expreffément défendu à ces Officiers de fe faire juftice eux-mêmes.

8.

S'il arrive pendant la diftribution, des difficultés que le
Commiffaire

Commissaire des guerres & les Officiers ne puissent pas décider eux-mêmes, le Commissaire en rendra compte à l'Intendant, & les Officiers, aussi-tôt après leur retour au camp, en informeront les Majors de leurs brigades, qui en rendront compte au Major de division, & celui-ci au Maréchal général des logis de la Cavalerie.

9.

Lorsqu'une distribution quelconque sera commencée, elle ne pourra être interrompue par l'arrivée d'un régiment plus ancien que celui auquel se fera la distribution ; mais si plusieurs régimens arrivent en même temps, on commencera la distribution par le plus ancien.

10.

Les Cavaliers seront conduits à toutes les distributions en sarrau & bonnet. Ils n'iront jamais à cheval aux distributions, qu'à celle des fourrages ; devant aller à pied à celle du pain, viande, bois, &c. à moins que cela ne devînt absolument nécessaire par l'éloignement du lieu où elles seroient faites ; & en ce cas l'ordre en sera donné par le Maréchal-général-des-logis de la Cavalerie.

11.

Lorsque l'armée arrivera dans un nouveau camp, le Maréchal-général-des-logis de l'armée indiquera au Maréchal-général-des-logis de la Cavalerie, les villages où la Cavalerie se pourvoira de fourrage & de paille.

12.

Il sera réglé la quantité de fourrage qui sera donnée à chaque escadron.

13.

Un Aide-maréchal général des logis de la Cavalerie avec le Quartier-maître, ou à son défaut un des Officiers de campement de chaque régiment, ira rassembler dans les villages voisins, la quantité de fourrage qui sera nécessaire, la fera sortir hors des maisons ; & lorsque les Troupes seront arrivées dans le camp, elles y seront menées avec des escortes.

14.

Si l'on eſt obligé d'avoir recours aux maiſons occupées par les Officiers généraux, ils en feront prévenus par l'Aide-maréchal-général-des-logis de la Cavalerie.

15.

Dans les camps de ſéjour, lorſque la paille aura beſoin d'être renouvellée, le Maréchal-général-des-logis de la Cavalerie donnera de nouveaux ordres pour qu'il y ſoit pourvu, & avec les mêmes précautions.

16.

Dans le tems des légumes, les Commandans des bri-gades pourront y envoyer un certain nombre d'hommes par eſcouade, avec une eſcorte, toutefois après qu'ils en auront demandé l'ordre au Maréchal-général-des-logis de la Cavalerie.

17.

Ils feront reconnoître auparavant le terrein le plus à portée de leur camp, & ils l'entoureront de ſentinelles qui ne laiſſeront paſſer perſonne au-delà.

18.

Les Cavaliers ayant eu le tems de raſſembler & d'éplu-cher les légumes, feront ramenés au camp en ordre, & on ne ſouffrira pas qu'aucun d'eux reſte derrière, ni qu'il y retourne.

19.

Il ſera porté la plus grande attention à ce que ces diſtri-butions ſoient proportionnées aux beſoins du Cavalier, & à ce qu'il ne cueille que des légumes mûrs & ſains.

20.

Lorſqu'il ſera fait à des détachemens des diſtributions particulieres en pain, viande & fourrages, l'Officier ou bas Officier qui aura donné ſon reçu, ſera obligé d'en rendre compte à ſon retour au camp, afin que le Quartier-maître puiſſe l'enregiſtrer, & connoître ſur qui la retenue devra être faite lorſqu'elle ſera ordonnée.

21.

Il ſe trouvera toujours un Aide-maréchal général des logis de la Cavalerie aux diſtributions de l'armée, pour examiner l'eſpèce des fournitures, & veiller à ce que tout s'y paſſe dans l'ordre preſcrit. Il y aura avec lui un Caporal de la Prévôté, pour faire punir ſur le champ les Cavaliers ou Valets qui pourroient y manquer.

22.

Pour que les diſtributions de pain ſoient faites plus promptement, & diminuer la fatigue des Troupes, les caiſſons de vivres, autant que cela ſera poſſible, ſe diviſeront en trois parties, dont l'une ſe rendra au centre des deux lignes, derrière le premier régiment d'Infanterie de la droite ; elle ſera deſtinée à donner le pain à l'aîle droite de la Cavalerie & à la première diviſion d'Infanterie : la ſeconde partie des caiſſons ſe placera au centre des deux lignes, entre la ſeconde & la troiſième diviſion, & ſervira pour les troupes qui les compoſent. La troiſième partie ſera pour celles de la quatrième diviſion & l'aîle gauche de la Cavalerie.

Pendant la guerre, la ration de pain ſera augmentée de quatre onces, en ſorte qu'elle pèſera vingt-huit onces.

23.

On aura de même l'attention de faire approcher les caiſſons des corps campés en réſerve.

24.

Les diſtributions de viande, ſe feront de même dans pluſieurs endroits marqués par le Major général, qui aſſignera l'heure à laquelle elle devra être tuée, afin qu'elle ait le tems d'être refroidie avant d'être livrée ; & il ne permettra jamais, à moins d'une abſolue néceſſité, qu'elle foit livrée chaude, à caufe du déchet qui en réfulte pour le Soldat.

Les Officiers chargés des diftributions dans les régimens, ne pourront plus s'attribuer les langues des bœufs tués, pour les livraifons qui leur feront faites ; lefdites langues feront données à tour de rôle à chaque compagnie.

25.

Il fera diftribué aux Troupes, du riz au commencement & à la fin de la campagne, lorfque la terre ne produit plus de légumes; & dans les pays où on n'en cultive point en plein champ, il fera donné du riz pendant toute la campagne.

26.

On renvoye au furplus, pour tout ce qui concerne les diftributions, aux Ordonnances de difcipline & d'adminiftration.

OBSERVATION.

Les Titres fuivans, tels qu'ils font énoncés dans la Table des Titres qui eft à la tête du Réglement, n'ayant pu, faute de tems, être achevés de rédiger & livrés à l'impreffion, retrouveront leur place dans le Code. Tous ces Titres ne fe trouvent pas de nature à avoir befoin d'être effayés dans les raffemblemens de troupes de cette année, & ils peuvent, fans ce fecours, recevoir dans le Code toute la perfection dont ils font fufceptibles.

A PARIS, DE L'IMPRIMERIE ROYALE. 1788.